一个人的鲁迅系列

一个人的爱与死

林贤治 著

復旦大學出版社

序

朋友告诉我，说有一位海上批评家说我是鲁迅的“凡是派”，问我意下为何？我回答说荣幸之至，只是愧不敢当。在中国，鲁迅是唯一使我确信的一位真正能为中国的进步和底层大众的命运着想的知识分子。不同于权势者，他没有指挥刀可供驱遣，所以教人向往者，全凭人格和思想的魅力。然而，以他的博大、崇高、深邃，实在难以追蹑，用一句古话来说，就是：“高山仰止，景行行止。”所谓“止”，换言之，也就是虽欲“凡是”而不能。

举最简单的例子。鲁迅要英俊出于中国，甘愿做“人梯”，让别人踏着他的肩背攀登向上。他后来加入“左联”，就是乐于为激进的青年所利用，但从当时的私人通信看，他早已看清这班人“皆茄花色”，却仍然“知其不可为而为之”。这份做牺牲的用心，坦白说我是没有的，相信那位自以为超拔的批评家也未必便有。

我读鲁迅始于中学时代，记得刚进学校，便买了一册《鲁迅小说集》。然而，在明净的玻璃窗下，最多只能在字面上浮游一些时，至于深隐的意义，那是无由体察的。到了“文革”，阅读才算是比较的有系统，虽然买不到全集，但所有的单行本都给我弄齐了。与其说这是书林中的一次邂逅，毋宁说是带有一定意向性的选择。不过，只有这时候，我才意外地发现，鲁迅的著作原来是一服强力止痛剂。

“文革”初期，我被打成“小邓拓”、“牛鬼蛇神”，被揪斗了两天两夜，后来被红卫兵运动冲掉了。几年后，父亲先后两次被打成“现行反革命”，有一年多的时间被关押在一个叫“三结合”的监房里。大姐为了同隔别多年的丈夫团聚，于是成为“偷渡犯”，入狱不下数次。那时，“群众专政”是不管吃饭的，我便充当了一个送粮食的脚色，奔走于“大队”与“公社”之间。最荒诞的有一次，因为送粮食的时间晚了，把我也给关了起来，直到一周过后才被释放出来。每当政治运动届临，宣传队工作队进驻村子，不问而知，我家必定最先成为审视的对象。惊恐、焦虑、屈辱和苦痛笼罩了每一个日子。在这个世界上，有谁能给我慰藉？谁能给我以生存的勇气，教我走人生的长途？我庆幸自己能够阅读，因为在焚余的有限的书籍中，我得以重新认识那个叫鲁迅的人。

是人，不是神。人们谈“文革”是“现代造神运动”，其实所造的乃是别的神祇，并非鲁迅。鲁迅永远是无权者的灵魂的保护人，——这是我，从自身多年的生活和阅读经验中所感知的，而不是从圣谕或权威著作中获得的结论。鲁迅从困顿中来，深知底层的不幸；他经历过各式革命：辛亥革命、二次革命、国民革命、共产革命（除了出版物，主要通过“左联”及留苏朋友的关系），对革命和革命者有深刻的观察；他一直经受黑暗的压迫，从国家这头怪兽到出没无常的鬼蜮，都曾一一见识过，交战过。他站在壕堑里，但有时也走出来，露出笔直的颈项、骨头和血肉，抵抗背腹两面的夹击。然而，即使在搏战最激烈的时候，他仍然不忘以宽大的布衣护卫弱小的一群。他说过，他本人更偏于“姑息”的一面。然而，社会不容他姑息，他唯一可选择的只有抗争。

“文革”进入后期，气候不但不见晴朗，反而愈加恶劣。在乡村寂静的夜晚，在昏暗的煤油灯下，我一共写下十余篇论文：《鲁迅论秦始皇》、《鲁迅与瞿秋白》、《鲁迅论〈水浒〉》、《鲁迅论写真实》……这些文字，都是为当时的时代语境所激发的，而且都同鲁迅有关。除了论《水浒》一篇在多年以后拿出发表外，其余没有发表，写作时根本就没有想到要发表，相反极其害怕被发现。稿纸写满后，便小心地一页一页投放到木匠朋友为我的桌子特制的活动夹层里。我不是一个勇敢的人。鲁迅当年说他是戴枷锁跳舞，我却是在枷锁中静静地呆着，想象当众跳舞的幸福。记得巴金曾经说他在“文革”中翻译赫尔岑的《往事与随想》，每译到那些诅咒沙皇暴政的话，就有一种复仇般的快意。我很能体会这种心情。

20世纪80年代初，正值反“自由化”的时候，我被借调到目下所在的单位做编辑工作。两年后，“清除精神污染”不期而至。我再次成为批判的对象，好在罪名不大，“提倡‘现代派’”而已。而今，后现代主义大行其道；想想20年前的那场吵闹，真是如同儿戏，谁能说我们的历史没有进步呢。可纪念的是，因为有了这场批判，也就有了《人间鲁迅》的写作。凭经验，无论日子如何艰窘，只要有鲁迅出现其中，我就近乎神迹般地有了坚持的确信。传记完成后，除了《鲁迅全集》和有数的几本论著，我把所有关于鲁迅研究的资料都赠给博物馆的一位朋友了，心里想，从此写点别样的东西罢。然而，事实上，我还是断续地写了不少有关鲁迅的文字，除了专论，其他评论文字也都时时提到他，夹带着他的话语。这时我发现，我已经无法绕开他了。

承蒙出版社的盛意，让我编辑了这样一个集子。比起别的中国人来，我的道路不能算坎坷，自然也不算太平坦，但是有一个较为特殊的情况是，鲁迅介入了我的生活。对我个人来说，多出一个鲁迅或是少了一个鲁迅是大不一样的。作为 种阅读经验，的确是纯个人的，无法复制，也无法置换。我无须劝诱他人阅读鲁迅，但是，当鲁迅遭到不无恶意的歪曲，甚或诬陷时，却做不到如鲁迅说的“最高的蔑视”，不能保持沉默而不予以反击，自觉这是对于师长者的应有的道德。集子中有几篇论辩式的文字，即缘出于此。至于其他散论，谈不上什么高见，仅余私下的一点感念之情而已。

目录

序 / 1

守夜者札记 / 1

一个人的爱与死 / 64

鲁迅的反抗哲学及其运命 / 85

哲学的回顾 / 87

人学：哲学与文学的通观 / 92

存在：绝望的反抗 / 97

现实主义-表现主义 / 125

危险的意义 / 135

一个反抗者的精神文本 / 140

也谈假如鲁迅还活着 / 172

五四、鲁迅与胡适 / 178

鲁迅三论 / 195

也谈鲁迅研究之谜 / 209

鲁迅与王朔的“有神论” / 215

就李敖评鲁迅答记者问 / 220

鲁迅仍然走在我们前面 / 227

守夜者札记

周围的人都睡了。……他们都在寂静中集合在一起，一个露天的营地，无数的人，一支军队，一个民族，在寒冷的天空下，在坚实的大地上……而你，你整夜不睡，你是一个守夜人，在你挥动的火把下，你瞥见脚下燃烧的火更近了……你为什么通宵不眠？必须有一个守夜人，大家都这么说！必须要有一个。

——［奥］弗朗茨·卡夫卡

1 夜

夜是黑的。

中国的夜更黑。

他一生所叙说的，都是中国的夜。

狂人所目睹的吃人的惨剧是在夜里展开的；单四嫂子的希望是在夜里破灭的；神往于革命的阿Q，是在夜里迷迷糊糊地被提到县城里去的。陈士成、祥林嫂、魏连殳、子君，还有范爱农，还有柔石，或死于阒寂之夜，或死于喧阗之夜，或死于余生者的无尽的怀悼之夜，总之是在夜里。整个吉光屯为夜——昏睡的白天——所笼罩，不然，何以要点长明灯呢？关在木围栅里的疯子竟然要熄掉它，声言放火烧毁千百年祥和的黑暗；不但这黑暗，而且连同那崇拜祖先和神祇的黯淡然而唯一的光。但是，所有一切罪恶、不平、挣扎和反抗，全都为夜所罗织所抹杀了……

临终前，他写下杂记《写于深夜里》。他还曾有过一种设想，即取“夜记”的形式写一组杂感，在生命的最后时光……

“惯于长夜过春时”。

夜是永久性记忆，所以是永恒性话语。

要穿透博大深沉的夜，除非具有同等博大深沉的思想。

思想源于记忆。

在某种意义上说，他的写作，都是为了对抗遗忘。他常常慨叹于中国人的健忘。权势者的愚民手段之一，就是不避重复地粉饰现状，篡改历史。正如他所写的细腰蜂，向捕食的小青虫灌输毒液，目的在于麻痹神经中枢，使之失去记忆。

与其说，他是一个伟大的思想者，毋宁说是一个伟大的记忆者。

他是“爱夜的人”。

他写《夜颂》，说是自在夜中，看一切暗。他有听夜的耳朵和看夜的眼睛。

法国作家拉罗歇·福科在《箴言集》中说：“阳光与死亡概莫能凝视之。”然而他能。

——假如一间铁屋子，是绝无窗户而万难破毁的，里面有许多熟睡的人们，不久都要闷死了，然而是从昏睡入死灭，并不感到就死的悲哀。现在你大嚷起来，惊起了较为清醒的几个人，

查理·达尔文(Charles Robevt Darwin，1809—1882)，英国博物学家，进化论的创始人。著有《物种起源》，以及《动物和植物在家养下的变异》、《人类起源及性的选择》等，在生物科学的发展史上具有重大的革命意义。他的进化论经严复做的《天演论》引进中国以后，在知识界影响深远，构成为鲁迅的科学、民主和进步思想的重要来源之一。

使这不幸的少数者来受无可挽救的临终的苦楚，你倒以为对得起他们么？

——然而几个人既然起来，你不能说决没有毁坏这铁屋的希望。

发生在某个夏夜里的这样两个先觉者的对话，其实可以看作新旧时代之交的关于个人与群体，理想与存在，责任与承当的对话；它构成为启蒙思想者的全部诱惑，怀疑和痛苦。

启蒙思想者生活在夜的深处，是黑暗的一部分，却自外于黑暗。他们是守夜者。

守夜者往往把意识到的责任加以放大，使肩头感觉沉重；因而又往往把自身的力量加以夸大，藉以平衡重负，使内心获得慰安。对于他们，启明星是常见的幻象；而其实，它距明天最远。

他尝拟预言，都是关于夜的，却从来未曾摹画过明天如何的灿烂光明。小说题名《明天》，通篇几与明天无涉，是很有意

果戈理（1809—1852），俄国作家，出生于乌克兰一个地主家庭，中学毕业后当过小公务员，后辞职专事写作。1836年6月出国，最后定居罗马。著有长篇小说《死魂灵》、讽刺喜剧《钦差大臣》及多种中短篇小说集，果戈理是鲁迅留日时最爱读的几个作家之一，在《摩罗诗力说》中作过介绍。从创作第一个白话小说《狂人日记》（与果戈理小说同名）到逝世前翻译《死魂灵》，都可以看出果戈理作为一个专制国家中的伟大的讽刺家在鲁迅心目中的地位。

味的。

他是猫头鹰，专作恶声的夜鸟。青年时，信仰进化论，后来便在事实中发现它作为发展观的缺陷与危机了。历史能停滞，且能退化。他把绝望和反抗当作自己的宗教哲学，所凝视的，唯是包围自己的无边的黑暗与死亡。

既不相信上帝，也不相信先知，他不会预约了未来的黄金世界给人类。他拒绝天国。

在一个畸形、病态的社会里，倘要求思想一定要变得明朗、豁达、平和、公正、全面，也即所谓正常或健康，实际上是不可能的。思想是压迫的产物，因此必定是反常态的，常有难以平复的棱角和皱襞。

可以说，思想原来是属于守夜者的。守夜者的思维是黑夜思维，即使内心有着理想的光，思维的聚合点仍是黑暗。黑夜思维是深沉的，警觉的，强韧的，反叛的，击刺的，破坏的，与白天思维正相反，恰如尼采之所谓主人意识与奴隶意识一样。可怕的是，白天思维并非得自社会存在而是文化遗传，是瞒和骗的种子；于是，人在夜里竟可以无视黑暗，掩藏黑暗，做“超时代”的英雄。

守夜者受到梦游者的嘲笑与咒诅是常有的事，因为思维有如此不同。

光明一旦到来，思想和思想者便当随即偕逝。而这，正是他所甘愿的。

2　乡土

知识者的所谓“精神家园”是乌有之乡，是置身边缘地带而产生的关于中心的幻象，是浪子耽于远游却又倦于风尘的凄苦的自恋。

他的家园，唯是现实中一块实实在在的苦难的乡土。

他常以野人自居。

自古以来，朝野是对立的。尝有官僚学者诬他以“学匪”，殊不知匪气正为他所喜，所以，才将自己的居所称作“绿林书屋”。《铸剑》写助人复仇的黑色人，其实就是野人，同《野草》中的过客一样。他们都一样的来路不明，而这正是野之所以为野。《华盖集》作题记道：他自己不愿意进入艺术之宫，宁可站在沙漠上看飞沙走石，乐则大笑，悲则大叫，愤则大骂；即使被沙砾打得头破血流，也并不惧惮，不遮盖，抚摩身上的凝血，而深

列夫·托尔斯泰（1828—1910），俄国作家，出身贵族，后来转而坚持宗法制农民立场。著有《战争与和平》、《安娜·卡列尼娜》、《复活》等。他的作品一方面暴露沙皇专制制度及新兴资本主义的罪恶，一方面宣传“勿以恶抗恶”，美化“自由平等的”小农社会，以人道主义者著称。鲁迅虽然不认同托尔斯泰的“勿抗恶”的主张，但高度评价并多次辩护他的人道主义思想。孙伏园曾以“托尼学说，魏晋文章”八字赠鲁迅，其中托即托尔斯泰，尼是尼采。

爱灵魂的粗糙与荒凉……

他的全部生命，都来自乡土的给予：博大、深厚、仁爱、诚实、质朴、坚韧、冷峻、激烈……作为知识者，他的知识，也都因为乡土的存在而富有生长的活力，不至散发出学者的霉味。

他多次感叹中国没有俄国式的知识分子。

对于他，俄国知识分子所以具有魅力，正在于与乡土的血肉般的关联，像他一样怀有乡土感。

唯其有了乡土感，果戈理、托尔斯泰、陀思妥耶夫斯基、契诃夫们才能在他们的著作中表现出巨大的道德力量，他们才会圣徒般地担负民族的苦难，同情、悲悯、勇于牺牲。那是完全不同于欧洲文艺复兴传统的人文主义，一种具有显著的斯拉夫民族特点的知识分子气质和思想；为了自由和解放，他们几乎群体地远离了国家和政府，而成为俄罗斯历史上的“漂泊者”。

莉·金兹堡这样表达她，以及她的俄罗斯知识分子兄弟的乡土感：

“俄罗斯的农村从来就不曾是一种景观，更不是一种赏心悦目的景观。农村至今仍包含着这样一种极为重要的前提，它决定了我们对世界的认识、我们的审美思维、我们对家园和自然的感情。更准确地说，决定了我们对土地的感情、对土地的生理性的渴望，这是一种当你望着车窗外平坦如砥的俄罗斯原野时就会油然而生的感情。

“古老的农村在我们的文化意识中是一种残存的，但尚未消失的存在形式，它是作为知识分子传统的经常存在于我们的文化意识中的。在这一点上,我们应当严格地审视自己的做法,因为在社会问题上充当唯美主义者是不道德的。”

中国是乡土中国。

作为中国作家,倘不能热爱并且了解乡土,那么在现代语码的迷阵中,将有可能误入歧途。

小说《故乡》,整个抒情诗一般地表达了一种沉重的失落感,这就是乡土感。自从在那个难忘的冬日里作别故乡,而永居都市,完全断绝了同乡土生活的联系,他便仅仅依凭了这乡土感,获致永无穷竭的精神资源。

中国有许多被称作乡土作家者,都是描写乡村风景或是编造戏剧故事的好手……唯他是不同的。他深入农村的根部,倾全力叙说着,往往不在各种压迫的过程,而是作为结果出现的精神的创伤。

精神痛苦是最大的痛苦。可是,在他的笔下,农民的苦痛并非常见的锥心之痛。它不是敞开的,而是闭合的,是不流血的伤口,内部的溃疡;不是垂直的,深入下行的,而是平面的、弥漫的;不是分裂的、粉碎的,而是团块状的、混沌的;不是锋锐的,而是麻木的,正所谓钝痛;不是涌动的,冲击的,而是无形且无声地渗透着的。这种痛苦的特殊形态,或可称之为“寂寞”。

单四嫂子是寂寞的,她祈愿梦见死去的宝儿而不能。七斤因断辫惹下大祸,不只在公众中,即使在家庭中也是无诉的。祥林嫂重复述说阿毛,最后连一个听众也没有。闰土称少时的朋友为“老爷”,一生保守沉默,希望的寄托唯是香炉和烛台。阿Q向吴妈求爱,纯出于性苦闷;他认真地画押,却无人欣赏画得圆与不圆；当他在众多眼睛的包围中了结惨淡的一生时，除了狼嗥般的喝彩，有谁为他悲悯过？甚至连死后作为谈资，也都因为枪毙而非杀头，未能给看客以赏玩的满足……寂寞是因为缺少爱，没有关怀，没有同情，没有交流，没有理解，自然也没有慰安。贫困与寂寞相表里，结果一样是：无。

作为第一个为中国写心的作家，他从来未曾写过有闲阶级的寂寞。在他眼中的阔人雅人，是根本不知寂寞为何物的，正如农人在其他作家的眼中一样。

乡土感也有深浅和强弱的不同。由于感性与理性在生理上的自然联系，表现在作品上，同样会显示出思想的深度和力度的差别。

苦难与拯救是人类的基本主题。

宗教产生于人类苦难。上流社会以优越的生存条件，遮蔽了人类作为存在的苦难质性。农民处于社会的最底层，他们以物质生活的匮乏，灵魂所受的侵害，“自生长”过程的艰厄，袒呈了人类生命的原质。而这一切又不但是现象学的，也即文学的外部结构——由文字生成的场景、形象、情节与细节等等——所呈示的，而且带有生命自身的神秘性、启示性，也即宗教性，形而上学性，潜在着深隐的精神意义。

然而，一般的乡土作家，却在生命—宗教哲学的门槛外面站定了。

倘以所谓专业的眼光打量，他还不算典型的乡土作家。他本人固然不是农民出身，除了不具备与农民长期生活劳作的人生经验之外，他的写作的终极目的，也不仅仅在于乡土经验的陈说。作为一个作家，他最终是服从于“精神界的战士”的要求的。他追求的不是一般的人生的意义，写作的意义，而是战斗的意义；而这意义，集中表现在“国民性”的暴露上面。因此，他不可能像一般作家那样停留在由“国民”组合而成的画面上，而是超越画面，通向更为深远的所在；国民性非同国民，正如病根非同病苦。他终究要显示意义。他写作在别处。

他兼具作家和启蒙战士的双重身份，在小说创作中，既得以敞开悲悯的情怀，把自己烧在那里面；但同时，因为审视与批判的需要，又必须把乡土推向一定的距离，从而保持一种“主体间性”。所以，他的小说，不但亲切、逼真、生动，且因“陌生化”的处置而给人以开阔和渊深之感。

他以思想凸显意义，复以艺术消融意义。
哈代有威塞克斯；
福克纳有约克纳帕塔法，有杰弗生；
他属于中国，有鲁镇和未庄。

托尔斯泰：“写你的村庄，你就写了世界。”

“高丘寂寞竦中夜”。

寂天寞地几千年，都因为中国是一个只有国家没有社会，只有群集没有个人的“家天下”的缘故。被孤离的个体，同样不成其为个体。别尔嘉耶夫在《俄罗斯思想》中指出，辽阔的平原孕育了俄罗斯的博大的民族精神，这个精神结构中有两种对立的因素，有自由而富于灵感的部分。如果精神地理与自然地理果然相对应的话，那么幅员广阔的中国，何以便缺乏这种精神？莫非是群陵阻隔的缘故？

中国以农立国，刀耕火种，“鸡犬之声相闻，老死不相往来。”加以历代诸侯割据，分而治之，隔膜于是深远。

法兰克福学派批判哲学的殿军哈贝马斯，在战后的荒漠地带建立著名的交往理论。交往是对隔膜的否定。但是，交往必须是灵魂的交往，倘不能进入灵魂，则隔膜始终如故。从弃医从文的时候起，他便决心进入国民的灵魂；然而事实上，则屡屡遭受拒绝。正是藉此痛苦的经验，才有那许多如《墓碣文》所说的“抉心自食”的文字。大约这也算得是一种不得沟通的沟通罢？

3　根

思想有两种：有根的思想与无根的思想。

有根与无根也可以成为文学分类的一种依据。

20个世纪80年代中期，“寻根文学”的产生在于无根。

此等文学所寻者，是远古的根，自然的根，观念的根，所以是干枯的根。其致命的地方，乃在极力回避现实社会的发掘，包括作家主体。据说，拉丁美洲本土文学对寻根文学作家产生过一些影响，那也多半是魔幻神话一类民族学，或修辞学的皮毛而已。

拉丁美洲小说即使缺乏文学上的父辈，但是，一批呈“爆炸”性的作家却能忠实于世代祖先的血脉；虽然，他们也耽迷于萨特、普鲁斯特、福克纳，普遍接受世界主义的影响，但是，由于集体保持着对古巴革命，以及对美洲的整体进步的期待的热忱，所以终竟没有滑入本土现实之外的美学泥沼。正如何塞·多诺索所说：一件艺术品，它的根不可避免地是从比作家本人知道的要隐蔽得多、深入得多的土地中吸取营养的；日常生活、家庭关系、社会环境等等，就是为那么多拉美小说提供养分，使它们得以茁长的腐殖土。

根属于生命本体；意欲寻根，必先寻找土地。

4 传统

传统是世代相传的基因、血脉，生生不息的精神；它是群体共同的信仰、观念、语言、习惯、生活、制度；是寓于建筑、绘画、音乐、书籍，以至各种器物之中的隐匿的大灵魂。

他说：“愚民的发生，是愚民政策的结果，秦始皇已经死了二千多年，看看历史，是没有再用这种政策的了，然而，那效果的遗留，却久远得多么骇人呵！”这就是传统。

他说：“中国人向来就没有争到过‘人’的价格，至多不过是奴隶，到现在还如此；然而下于奴隶的时候，却是数见不鲜的。”这就是传统。

他说：“我觉得许多烈士的血都被人们踏灭了，然而又不是故意的。”这就是传统。

变革的人们惮于传统势力，常常请出古代的亡灵，来演新时代的活剧。意大利的文艺复兴,清末康有为的托古改制,都是借传统而反传统。甚至法国启蒙时期的“百科全书”派,在张扬理性的同时,也都有与反理性传统妥协的地方。高张全面反传统的旗帜以建立新秩序,如五四新文化运动者,实属罕见。

然而,当年的革命行动已成陈迹,一些破坏主义的口号和主张,今天已令自以为稳健的学者所鄙夷。事实上,历史的整合能力,却远较革命者的颠覆力量为大。

对于传统,学者惯于测度历史的全盘,战士大抵关注现实的切面。

传统具有主导性,而主导性同权力有关。可是,即使权力致力于控制,而使传统呈现出统一的形相,也无法消除内部的歧异,拒斥与分裂。传统的形成和瓦解过程,由来是兼并和反兼并的过程。

他认定,中国的传统文化是“侍奉主子的文化”。文化在他那里,不是无所不在的,可以分享的;而是指向性的,上倾的,带有垄断性质。他所持的是民众本位的眼光,问:“所谓文化之类,和现在的民众有甚么关系,甚么益处呢?”因为于民众无补,所以对于中国文化,完全可以视同空无。在《青年必读书》的答复意见中,他倡言少看或者不看中国书,那思路是一致的。

无可选择的传统是大传统,可选择的传统是小传统。

传统未必因战士的反对而沦亡;战士的所谓“反传统”,其意义亦可能作为一个文化符号而存留，表明不甘于沦为奴隶的状态而已。

真正革命的起来，或传统的最后沦丧，一定有挽歌相伴随。

他多次校勘《嵇康集》，可谓情有独钟。嵇康藐视司马氏政权，且"非汤武而薄周礼"，结果为世所不容。

《广陵散》注定成为绝响——那是中国古代知识分子唯一的声音。

对于嵇康，与其说他的校勘工作是为了求得一个完善的文本，毋宁说是对一种完善的人格的认同；或者并未以为完善，唯出于对寂寞者的共鸣而已。

中国文化传统不可能给他提供所需要的思想资源。他的思想是拿来的，原创的，全新的，自成系统的。这一思想系统与五四新文化传统在整体倾向上是一致的，但是依然具有鲜明的个体性。当新文化运动中断以后，他的思想便长此成为非主流传统而存在。

一个人一个传统。

5　社会

中国只有旷野，没有广场。

广场有不同的人群，不同的声音。那里有自由的交流，回应与传播。而旷野因无人而寥廓，即使有声音，也只能消失于无尽的空洞之中。

他所说的坟，高丘，都是旷野之上。旷野是容纳荒凉与寂寞的所在，开垦者，流亡者，探索者，都必须穿过旷野。

在旷野，无数的道路隐伏着，如同希望。

怀着对死亡的渴望，他热烈而悲悯地俯视野草，而憎恶野草作装饰的地面。

在旷野之上，在人与人之间，横竖耸立着无数高墙。但是，这些墙壁始终构不成可以安顿“自我”的房间；它们仅仅为着阻隔而存在，从而成为伟大而可诅咒的长城的延长。

——人和人的灵魂，是不相通的……

他常常这样叹息道。

直到晚年，他仍然执著于一个信念，以为沟通人类的“最平正的道路”便是文艺，而且只有文艺；但是，又不免慨叹世间少有选择这条道路的人。出于理性，义愤，承担的勇气，他做了中国新文艺的开启者。当他拔出刀杖对付拦路的兽类，荆棘和石头——布莱希特称马尔库塞的思想方式是“路见不平，拔刀相助”式——时，一大群文艺家却在身后戟指嘲骂，把他描绘成恶鬼。

各种各样的文艺家。

各种各样的文艺的道路。

6 看客

看客,是他在中国精神史上的一大发现。

看客致力于悲剧的鉴赏,是不在场的在场。所谓不在场,是因为他们把悲剧看作与己无关,所以安于赏玩别人的苦痛;然而实际上,他们就在场内,是悲剧的一部分,只是没有足够的能力自省而已。看客心理是一致的,麻木、冷漠、混沌。他们是不喜不悲亦喜亦悲的人物,是没有面目的阅听大众,是吞噬个体灵魂的族群。

惯于标榜客观超然的学者,其实也是看客。在社会悲剧面前,他们可以因固守专业性而无所动心。因此,知识分子的工作,首先在于良知的发现,痛觉的恢复,是道德对知识的介入和改造,成为萨依德所称的"业余者"。

"悲剧将人生的有价值的东西毁灭给人看,喜剧将那无价值的撕破给人看。讥讽又不过是喜剧的变简的一支流。"如果说他的小说是悲剧,那么他的杂感便是喜剧。所有作家已然部分甚或全体地蜕变成喜剧或悲剧中的人物,唯他有幸地在他的时代里,成为中国唯一的戏剧作家和讽刺诗人。

他寄希望于未来的民魂的发扬,却又对民众怀有深刻的不信任态度。他知道,民众的罚恶之心,是并不下于学者和军阀的。他尝谓:"我先前的攻击社会,其实也是无聊的。社会没有知道我在攻击,倘一知道,我早已死无葬身之所了。"

由于他对文学的选择乃在于疗救国民精神，因此看客的发现与开掘，势必成为批判性写作的主要取向。

“人”与“看客”，于他是一枚硬币的相反的两面。

社会有一种盲目的倾向，就是英雄崇拜。

他举拿破仑、成吉思汗、希特勒为例，指出他们三个都是杀人不眨眼的大灾星，而我们总是敬服、恭维、夸耀他们。但是，以牛痘接种救活了世界上无数儿童的隋那——一个拯救人类的真正的英雄——的名字，至今已经无人记起。他感慨道：“杀人者在毁坏世界，救人者在修补它，而炮灰资格的诸公，却总在恭维杀人者。”于是指出，只要这看法不改变，世界是还要毁坏，人们也还是要吃苦下去的。

“中国的人民，是常用自己的血，去洗权力者的手，使他又变成洁净的人物的……”

7 声音

在中国，不绝于耳者，唯是传统的回声。

有一个被他不断重复过的话题，就是：“无声的中国”。

没有现代的声音，自己的声音，中国就等于是一个大坟场。而要将中国变成一个有声的中国，便不但要进行“文学革命”，说“真心的话”，而且还须涉足现实政治，挑战国家权力。在一个专制主义国度里，所有的话语都是“权力话语”：权力者不是强迫人民说文牍的话语，集体的话语，就是强迫人民沉默。

声音是异议者的声音。

要使人民变做哑巴，失去自己的话语，就必须使他们过一种监狱式的封闭的生活，听不到外面的声音。

据此，他拟了一个公式："由聋而哑"。

——"沉默呵，沉默呵！不在沉默中爆发，就在沉默中灭亡。"

在执政府卫队开枪射杀学生的最黑暗的时刻，中国，毕竟还留下一个诅咒的声音。

沉默不可能持久，沉默是一个极限。

8　人和吃人

吃人是中国几千年历史的大纲；

立人是他的全部思考和写作的大纲。

吃人的是无主名无意识的杀人团，"大家连络，布满了罗网"，完全超越了既定的伦理关系。在这里，任何吃人者的动机和行为都构成了一种权力。这样，所谓批判，就不仅限于社会批判，还当包括文化批判在内。因为被吃者也是吃人者，正如吃人者也是被吃者，所以，批判者自身也就必然同时成为批判的对象，这是为每一个人无法免于吃人的履历所规定了的。

他强调作为个人的主观自觉的精神生活，说："内部之生活强，则人生之意义亦愈邃，个人尊严之旨趣亦愈明，20世纪之新精神，殆将立狂风怒浪之间，恃意力以辟生路者也……”充满青春的梦幻，热情，力量，仿佛尼采在东方的响亮的回声。

10年后，当他再度执笔为文时，已经由荒原而入街垒，变诗人而为战士了。关于建立“人国”的设想，从此不复进行正面的阐发，而是从背面突入，不是“是”而是“否”，不是“应当如此”而是“不应如此”地说明人之所以为人，从而直捣问题的核心。在斗争实践中，他完成了由纯粹理性到现代批判理性的转换。

只有参与了实战之后，始悟尼采的“超人”的渺茫。

9　人与兽

在西欧中世纪，专制主义盛行，到处是强暴、禁锢和杀戮。马克思把这种政治文明程度极低的状态称为“人类历史上的动物时期”。

因为有动物，所以有“动物主义”。

他所言说的动物多为畜类。畜类是兽类经由驯化的结果，其实等于“奴群”。对于权势者及其努力，他称作“黑暗的动物”。它们是死的制造者，“酷刑”的发明者和改良者。至于受着酷刑的教育的广大的奴隶，他袭用传统的说法，常常喻为“牛羊”。在他那里，所谓“国民性”，就是牛羊的习性，要者是“不幸”与“不争”；情愿自己寻草吃，只求主子决定他们怎样跑。

但是，奴隶也有反抗的时候，并非永远甘于被鞭笞和屠戮的。对此，他曾以专制的俄国覆亡为例，证实无论怎样禁止集合，

卡尔·马克思(Karl Marx,1818—1883),马克思主义的创始人。生于普鲁士一个律师家庭,先后入读波恩大学和柏林大学法律系,获哲学博士学位。毕业后投身于政治斗争。1842年主编《莱茵报》,次年10月迁居巴黎,后被驱逐,迁往比利时首都布鲁塞尔,于1847年加入共产主义者同盟。受该同盟委托,与恩格斯一同起草同盟纲领,即著名的《共产党宣言》。欧洲1848年革命期间,回到德国,创办《新莱茵报》并任主编,声援各国革命斗争。1864年9月在伦敦建立第一国际,成为领导者。1883年3月因病逝世。著有《资本论》以及《1844年经济学哲学手稿》、《法兰西内战》、《哥达纲领批判》等。马克思的阶级论,无疑地丰富了鲁迅的思想,正如他所说,纠正了进化论的偏颇,但并不因此使他成为一个马克思主义者。

防说话之类,到底仍然“无法禁止人们的思想”。他指出:“人民真被治得好像厚皮的,没有感觉的癞象一样,但正因为成了癞皮,所以又会踏着残酷前进,这也是虎吏和暴君所不及料,而即使料及,也还是毫无办法的。”

他说:“猛兽是单独的,牛羊则结队。”中国多牛羊,独缺猛兽。

狗是他议论最多的动物之一。

在他的笔下,除了偶尔提及的救人的猛犬之外,大抵作为势利,忠顺而又凶狠的奴才形象出现。其中,主要是“走狗文人”,惯常的称谓为“叭儿”。叭儿又名西洋狗,是中国的特产,为阔人所钟爱,且系西方上流社会的宠物。最早把叭儿当作专有名词使用,是在“论‘费厄泼赖’应该缓行”时期。其一,暗喻留学英美的学者,即所谓“东吉祥派的正人君子”,如陈源一流,稍后则有梁实秋等。其次,叭儿较之别的狗类,皮毛伶俐,身份高贵,这也是他所特别憎恶"雅人"者。再就是叭儿的态度。他这样描绘道:"虽然是狗,又很像猫,折中、公允、调和,平正之状可掬,悠悠然摆出别个无不偏激,唯独自己得了'中庸之道'似的脸来。"因为叭儿的骑墙,所以有专论,谓曰:"叭儿狗尤非打落水里,又从而打之不可。"

一个著名的命题:打落水狗。

这个命题基于下列两个重要事实:其一是狗咬人,咬死了许多革命人,这是有着血的记录的;其二缘此而来,证实狗性之难以改变。但是,这也并非等于宣告绝对的废除"费厄泼赖",只是强调不应过早而已。他警告说:"假使此后光明和黑暗还不能作彻底的战斗,老实人误将纵恶当作宽容,一味姑息下去,则现在的混沌状态,是可以无穷无尽的。"

然而,关于打落水狗的思想,反为恶人所利用;一些无知者和伪善者,也恰恰在这里,向他挥舞和平主义的大棒。

他说,在黄金世界还未到来之前,中国人恐怕不免同时显出勇敢和卑怯两种不同的形相,即对羊显凶兽相,对凶兽显羊相。但是即使显凶兽相,也还是卑怯的国民。因此,要中国得救,他主张将以上两种性质的古传用法,反过来一用,即:"对手如凶兽时就如凶兽,对手如羊时就如羊!"

关键是"看清对手",这是他在论"费厄泼赖"时说的。

到得后来,曹聚仁有文记中国的反常状态,名之曰"杀错了人";他即表示异议,说:"中国革命的闹成这模样,并不是他们'杀错了人',倒是因为我们看错了人。"

“狼是狗的祖宗，一到被人驯服的时候，是就要变而为狗的。”他说。

狗生即奴性，外加仿主子性。

他说到两类羊，一是山羊，一是胡羊。胡羊多为牧人引领或驱赶，挨挨挤挤，浩浩荡荡，认真而忙迫地竞奔前程；也有山羊领头的，但也都一样柔顺，唯脖子上挂着一个小铃铎，作为知识阶级的特别的徽章。

在他那里，猪同样有了分类：猪、野猪、豪猪。

比起普通的猪来，野猪只是多出两个牙；但那是反抗的利器，使老猎人也不免于退避的。他说：“这牙，只要猪脱出了牧家奴所造的猪圈，走入山野，不久就会长出来。”

有所谓“豪猪社会”。豪猪其实是绅士，上流人物。他说：“这些豪猪们，自然也可以用牙角或棍棒来抵御的，但至少必须拚出一条豪猪社会所制定的罪名：‘下流’或‘无礼’。”

如果说他在昆虫类里最憎恶蚊，那么，在常见的动物中间，他最仇视的就算猫了。

他供称，他是一个“猫敌”。至于仇猫的原因，在《狗·猫·鼠》里说得很周详：一是猫有折磨弱者的坏脾气；再是有一副媚态；其实最可靠的理由，倒还是因为嚷。他坚持认为，即使配合也不必大嚷而特嚷的。他对蚊的态度也如此。叮人之前，为何要哼哼地发一通议论呢？所以可恶。推断起来，两者都同声音很有一点干系，倘要将它们人格化，那身份便颇类知识阶级。但当然，声音的背后，隐藏着血、侵犯和暗杀的事实，这是根本的。

他毕生对付的，唯是权力者和得以分享权力的知识者。

中国人从猫的眼里看时辰；
外国人从猫的眼里看中国。

10 权力与权力者

权力无所不在。

中国的权力结构是塔式的，而非蜂房式。所以，它的基础是同一的，大小层面是等序的，重叠的，影响是垂直向下的。

对于中国的权力社会，他有一段出色的描写："但我们自己是早已布置妥帖了，有贵贱，有大小，有上下。自己被人凌虐，但也可以凌虐别人；自己被人吃，但也可以吃别人。一级一级地制驭着，不能动弹，也不想动弹了。"如此连环，各得其所，自古如斯，天下太平。他慨然发问："常有兵燹，常有水旱，可有谁听到大叫唤么？打的打，革的革，可有处士来横议么？对国民如何专横，向外人如何柔媚，不犹是差等的遗风么？中国固有的精神文明，其实并未为共和二字所埋没……"

所谓"共和"，非但不曾打掉专制的蚁冢，反而可以使蚁冢因它的掩蔽而完妥地存留。

权力者，也称权势者，有力者，在《而已集·扣丝杂感》中又称"猛人"。无论是何等样人，一成为猛人，则不问其"猛"之大小，便都有了包围者。猛人被围得水泄不透，成了核心，与其社会相隔离，这样势必变得昏庸，近乎傀儡。为猛人所爱的包围者又都是两面人，平时谬妄骄恣，在猛人面前却娇嫩老实得可以，于是就有了胡乱的矫诏和过度的巴结，于是就使得晦气的人物、刊物、植物、矿物之类遭灾。但所有这些，猛人大抵是不知道的，直到“龙驭上宾于天”。

如果猛人已倒，包围者便将随即离开，去寻求别一个新猛人。猛人虽有起仆兴亡，而包围者永是这一伙。猛人倘能脱离包围，中国或许五成得救，问题是难于找到包围脱离法，结果只好“永是走老路”。

以上为“包围新论”。

对于中国历史，他有不少独异的发现。除了像“包围新论”，像如下的“时代循环论”，也都概括得十分简明，没有像一些学者那样绕弯子——

一、想做奴隶而不得的时代；

二、暂时做稳了奴隶的时代。

这种循环交替，“先儒”谓之“一治一乱”；及至日后“文革”，仍有所谓“大破大立”、“乱极而治”的说法，可见源远流长。用新式的意识形态专家的语言，或当称作“历史辩证法”的吧？

他曾以小杂感的形式，指出权力和权力者的至高无上的地位，说：“凡为当局所‘诛’者皆有罪。”

就说20世纪，在纳粹德国和共产主义国家苏联，便都存在着以种种罪名，嫁祸于犹太人、革命党人、持不同政见者的大量事实。有一次，斯大林对列宁的遗孀克鲁普斯卡娅说，如果她不停止对他的批评的话，那么党将会宣布，列宁的妻子不是她。“是的，”他强调说，“党是什么事情都干得出来的。”罪与非罪，全系于权力者的意志。

他说：“但天下有许多事情，是全不能以口舌争的。总要上谕，或者指挥刀。”又说：“世间大抵只知道指挥刀所以指挥武士，而不想到也可以指挥文人。”

不说知识者在外部所受的权力戕害，即在其内部，也是按照权力的模式建构的。这种情形，很可以让人想起他在《春末闲谈》中说的细腰蜂，将捉到的小青虫封在窠里，自己在外面日日夜夜敲打着，祝道“像我像我”，经过若干日，那青虫也就果然成了细腰蜂了。

在学理上分析知识与权力的同构现象，有法国学者福柯。这位毕生挑战权力和传统的人认为，知识本身就是权力的一种形式。倘若不是作为权力形式而存在，并以它的功能同其他形式的权力相联系，从而构成传播、记录、积累和置换的系统，那么连知识体系也无法形成。

他断定中国彻底的未曾有过王道，说：“在中国的王道，看去虽然好像是和霸道对立的东西，其实都是兄弟，这之前和之后，一定要有霸道跑来的。人民之所讴歌，就为了希望霸道的减轻，或者不更加重的缘故。”

倘译成现代术语，王道即所谓“民主政治”，霸道自然就是“极权政治”了。

他是本质意义上的无政府主义者。

11　知识与知识者

中国的知识者，就文化心理而言，总是离不开权力。他说“中国是隐士和官僚最接近的”，就是这意思。在权力者那里，他们不是帮忙，便是帮闲；一旦无忙可帮，也无闲可帮，如庄子所说的那样：身在山林，仍然要心存魏阙的。

只要以权力为中心的社会结构没有改变，知识者的状态也将不会改变。

现代的知识者反对“文以载道”，闹独立性，“为艺术而艺术”，“为学术而学术”，甚至主张以“学统”驾驭“道统”；凡这些，都可以视作古代隐士的遗风。

大隐隐于道。

在《起死》中，庄子刚出场就说了一大堆伟大的空话，临末却露出了本相，于困窘中不得不求助于警察——政府的走狗——的介入了。

现存的秩序是不可改变的。

往往是自以为超脱于政治之外的知识分子，与政府同为一丘之貉。

他是以启蒙性定义知识分子的，所谓“精神界之战士”。他通过个人职业的选择，最先到达这里。虽然，他筹划过同人刊物《新生》，以“遵命文学”参与新文化运动的第一轮战斗，自始至终作为“左联”盟员而存在，但无论刊物创办或流产，社团建立或解散，他仍然是立足于“散兵战”的。由于启蒙工作的潜在的要求，他一面渴求集团的力量，另一面却保持着畏惧和警戒。基于对人的现代性的理解，他一直小心护卫着个人内在精神的自由。

一个真正的知识分子，将永远无法驱除集体与个人之间的紧张。由于他在个性方面是天生的不合群分子，而且在理性层面上确认反集体的合理性，故可以在最大程度上克服这种紧张，通过对群体的精神皈依而非组织依赖，达致两者的内在一致性。

社会批判和文化批判，往往通过知识分子内部的批判进行。

为此，他到处树敌，从国粹派到现代评论派，到新月派批评家，直到“四条汉子”，更不用说各式的文探与文氓了。他是典型的“牛虻”式人物，以不折的锋芒，狠狠螫在那些自以为得道的正人君子、政府诤友，及革命骁将的身上。他是挑战者，也是应战者；他是弱势者，也是强大者。在中国现代知识界，他是骂人最多的一个，自然也是挨骂最多的一个。然而，他竟声明说是“毫无悔祸之心”。

他把自己的杂文称为“骂文”，并撰文为所谓的“谩骂”者辩护，说“谩骂固然冤屈了许多好人，但含含胡胡扑灭‘谩骂’，却包庇了一切坏种”。

他视知识者之间的斗争为当然，所以说：“一有文人，就有纠纷。”对于有人用了“文人相轻”一类恶谥，打杀所有的斗争者，他称为“死的说教者”，连连施以抨击。在《七论“文人相轻”》里，他简直用了不容置喙的语气说:“至于文人,则不但要以热烈的憎,向‘异己’者进攻,还得以热烈的憎,向‘死的说教者’抗战。在现在这‘可怜’的时代,能杀才能生,能憎才能爱,能生与爱,才能文。”

关于中国现代知识分子的生存状态,他在《理水》中有着集中的戏剧性描写:一、他们是依附政府的;二、注重“专业性”,如考证“禹是一条虫”之类;三、以“文化”为本位,脱离社会,鄙视民众,而自以为高贵;四、自私,虚伪,势利,却又大抵有着雅致得体的装潢。

有意味的是,这批高踞于“文化山”上的学者,好像都属英美派学者,他们满嘴是:古貌图、**OK**……

早在新文化运动时期,他便针对国粹派,提出了一个极富于启发意义的话题:是保存我们而牺牲国粹呢,还是保存国粹而牺牲我们?

高尔基(1868—1936),苏联作家。出生于木工家庭,当过学徒、码头工人、面包师傅,流浪俄国各地,1892年开始发表作品。1901年起参加革命,几次被捕。十月革命后,当选为苏联作家协会主席。他一方面追随斯大林,宣扬国家意识形态,一方面维护社会文化与道德,使之免遭侵害,并设法营救过不少受迫害的知识分子。著有长篇小说《母亲》、《阿尔达莫诺夫家的事业》、《克里姆·萨姆金的一生》,剧本《底层》,自传体三部曲《童年》、《在人间》、《我的大学》等。鲁迅称高尔基为“新俄的伟大的艺术家”,“‘底层’的代表者”、“无产阶级的作家”,曾翻译他的《俄罗斯的童话》,校阅过他的小说及论文的中文译本。日人山本实彦称,鲁迅的存在“比起高尔基的存在更为清洁”。

在这里，国粹是小概念，文化是大概念。文化是现代文化，其要义是当代人的生存。

他是以对自己的有如医学解剖般的毫不留情的批判著称于思想文化界的。这种批判，往往并非宣言式的，而是悄然深入到他的创作活动和日常生活的细胞之中。

攻击社会不易，攻击自己更难。

他对俄国革命——一个重要的侧面是知识分子的自杀和逃跑——持肯定态度；其中，是包含了中国知识分子，尤其是后起的一群非激进革命论者的深刻的失望，以致整体性否定的立场在内的。

他说："譬如中国人，凡是做文章，总说'有利然而又有弊'，这最足以代表知识阶级的思想。"

古代谓之"中庸"，现代谓之"辩证"。其实，这是骑墙主义、滑头主义，一种骨子里的卑怯。

知识分子有真假两种。

对权势者的态度是一个基本标准。用他的话说，如果在指挥刀下听令行动，想到种种利害，天天变换主张以显示不断的进步者，是假知识分子；如果不顾利害，敢于发表倾向民众的思想，是真知识分子。

结论是悲观的：论生命力，真知识分子究竟不如假知识分子。

他认为，知识分子对于社会是永远不会满意的，所感受的永远是痛苦，所看到的永远是缺点，因此在心身方面总是苦痛的。

他提出“痛觉”一词。在关于知识分子的社会心理学中，这是最富有创意，也是最重要的一个语词。

在他看来，知识和强力是必然冲突，不能并立的。知识者要自由思想，强有力者不许有自由思想。个人的思想一旦因自由而发达了，团体的思想，民族的思想就不能统一；这样，无论一个人或一个党，也都不能随意支配了。

知识者在权力与知识，大众与精英，集体与个人，认识与实践之间，可以实现一种较为理想的整合。对此，《门外文谈》有着极为精要的说明：

“由历史所指示，凡有改革，最初，总是觉悟的知识者的任务。但这些知识者，却必须有研究，能思索，有决断，而且有毅力。他也用权，却不是骗人，他利导，却并非迎合。他不看轻自已，以为是大家的戏子，也不看轻别人，当作自己的喽罗。他只是大众中的一个人，我想，这才可以做大众的事业。”

12　奴隶与奴才

奴隶与奴才有着很大的不同。

他这样说：“自己明知道是奴隶，打熬着，并且不平着，挣扎着，一面‘意图’挣脱以至实行挣脱的，即使暂时失败，还是套上了镣铐罢，他却不过是单单的奴隶。如果从奴隶生活中寻出‘美’来，赞叹，抚摩，陶醉，那可简直是万劫不复的奴才了，他使自己和别人永远安住于这生活。”

他这样说："古埃及的奴隶们，有时也会冷然一笑。这是蔑视一切的笑。不懂得这笑的意义者，只有主子和自安于奴才生活，而劳作较少，并且失了悲愤的奴才。"

在他所创造的奴才谱系中，二丑是最具特色的人物，且以其多样性而自成谱系。

他屡称自己为"奴隶"。他是清楚作为一个中国的知识者的身份的。

身为奴隶尚不足悲，可悲的是安于做奴隶。他常常感慨于此，说："我们极容易变成奴隶，而且变了之后，还万分喜欢。"

13 流氓

流氓是什么呢？

他在一篇讲演中说："流氓等于无赖子加壮士，加三百代言。"这是暴力主义和机会主义的结合。流氓不限于个人或集团，不限于手段和习性，也可以进入政体，成为"流氓政治"；还可以形成传统，叫作"流氓文化"，流毒之深，实在不限于一个时代的。

流氓是由两部分人造成的，一种是孔子之徒，即是儒；一种是墨子之徒，即是侠。开始时，孔墨尚有一点改革的思想，所谓"儒以文乱法，而侠以武犯禁"；后来渐渐堕落，末流便成了流氓。

政治流氓多出于乱世。他在"清党"以后演讲所列举的曹操、刘备、刘邦、朱元璋等，都是流氓；中国历史上有数的英雄人物，如秦皇汉武，唐宗宋祖，也都是流氓。

这类流氓的最大特点就是生杀予夺，出尔反尔，完全不可理喻。这在他题作《魏晋风度及文章与药及酒之关系》的演讲中，表现得特别传神："纵使曹操再生，也没人敢问他，我们倘若去问他，恐怕他把我们也杀了！"有人把这种主观随意性称为"唯意志论"，其实连意志这东西也未必需要，因为无须乎执意坚持些什么，但凭一时的兴会，跟着感觉走，是"唯感觉论"。

政治流氓在革命尚未成功的时候，天天叫喊打倒旧制度，及至革命成功以后，反倒要复旧了，甚至还打出极漂亮的旗子："反复辟"。为什么会如此呢？他在一次讲演中说：本来它的目的，就是要取得本身的地位。有了地位以后，就要用旧的方法来控制一切。所谓方法，亦不过两手抓，把"儒的诡辩"和"侠的威胁"交相使用而已。

"流氓一得势，文学就要破产。"他说。

有流氓政治家便有流氓文学家。

流氓文学家所做的文学，因其漂集而且腐败之故，又称流尸文学，那是与流氓政治同在的。

流氓文学家也称"宠犬派文学家"。宠犬的地位在主人之下，究在别的被统治者之上，这就是决定了它的特性：一、奴性。"对一方面固然必须听命，对别方面还是大可逞雄，安全之度增多了，奴性也跟着加足。"就文学家的志业而言，所谓奴性，就是给主子尽职，帮凶，帮忙或帮闲。"但他的帮忙，是在血案中而没有血迹，也没有血腥气的。"二、打倒一切。"后面是传统的靠山，对手又都非浩荡的强敌，他就在其间横行过去。”他指当时的革命文学家成仿吾、郭沫若等在“请文学坐在‘阶级斗争’的掩护之下”，“摆着一种极左倾的凶恶的面貌，好似革命一到，一切非革命者就都得死”，这种令人“知道点革命的厉害”，只图自己畅快的态度，就是中了“才子加流氓”的毒。后来指“元帅”周扬“横暴恣肆，达于极点”，从实质上说，也当是一种流氓习气。三、无根性。“无论古今，凡是没有一定的理论，或主张的变化并无线索可寻，而随时拿了各种各派的理论来作武器的人，都可以称之为流氓”。关于左翼文坛，他说的创造社文学家脚踏两只船，以及向培良的从狼变狗的比喻，都是流氓的避害趋利的投机性的最好说明。

中国知识分子“无特操”，本身就包含了一定的流氓根性。对于自以为高贵的忏悔者，见风转舵的党徒，他是蔑视的。

14 战士

战士为何而战？

倘说为“公理”战罢，却也有“‘公理’的把戏”；说是为“自由”战罢，连“刽子手和皂隶”一流人物，也都叫嚷“思想自由”和“言论自由”，那么，战士的位置在哪里？

穷人，被压迫者，被侮辱者和被损害者，才是战士所赖以存在的物质根据；倘除掉主体，所有的目标都是空洞的、虚玄的，难以界定。

战士是“人之子”。

战士的斗争,不能不以人的生命为本位。

“自己活着的人没有劝别人去死的权利,假使你自己以为死是好的,那么请你自己先去死吧。”他说:“我们穷人唯一的资本就是生命。”他从来不劝青年去做牺牲,对于不以群众的牺牲为意的革命指导家,他是表示了分明的憎恶的。

谁说他是激进主义者呢?

既为战士,必然执著于现实的抗争。

他说:“在我们不从容的人们的世界中,实在没有许多工夫来摆臭绅士的臭架子了,要做就做,与其说明年喝酒,不如立刻喝水;待廿一世纪的剖拨戮尸,倒不如马上就给他一个嘴巴。至于将来,自有后起的人们,决不是现在人即将来所谓古人的世界,如果还是现在的世界,中国就会完!”

对他来说,过去和未来都指向现在,相交,重叠,甚至直接成为现在。这是一种独特的时间观。由于现实斗争的要求,古老的神话和历史故事为之变形,古衣冠演出新场面,如《故事新编》;旧诗多为“骸骨的迷恋”,可是一经他使用,反叛之意却是“明白”的。杂感与现实联系的密切程度,更非别的样式可比。他所以紧紧抓住它,以致被讥为“杂感家”,就因为它最亲近,最简捷,最犀利,堪称蛮人所用的脱手一掷的投枪。

所有形式来到他的手里都产生了速度。

战士,又称“小兵”,那是与“元帅”一类权力在握的人物相对而言之的。

战士的人间性,正如他在《这也是生活》所自述的:存在着，生活着，无穷的远方和无数的人们都和自己有关。战士战斗，也休息，同人们一起过平凡的生活。“战士的日常生活，是并不全部可歌可泣的，然而又无不和可歌可泣之部相关联，这才是实际上的战士。”

关于辛亥革命，他有着严正的批判，与此同时，也有着深情的追怀。笔及曾经与他一起走过来的流血牺牲的烈士，总是满怀敬意。对于建立在流产的革命之上的“中华民国”，他的内心是复杂的；但是对于革命，则从来未曾憎厌过。倒是那些安坐在“共和”的旗帜之下，享受着先烈的余荫的论客，不断地讥笑糟蹋这革命以及献身革命的先烈。对此，他是憎恶的，斥之为奴才和苍蝇。

战士所要的是革命的婴孩，因此决不害怕污秽和血。

苍蝇是完美的；

战士是有缺陷的。

“遇见所是和所爱的，他就拥抱，遇见所非和所憎的，他就反拨。”“他得像热烈地主张着所是一样，热烈地攻击着所非，像热烈地拥抱着所爱一样，更热烈地拥抱着所憎——恰如赫尔库来斯（Hercules）的紧抱了巨人安太乌斯（Antaeus）一样，因为要折断他的肋骨。”他所说的虽属文人，实为战士。由于战士的爱憎太热烈，常常发挥到极致，于是留给和平的世人的印象就是：好走极端。

“英雄的血，始终是无味的国土里的人生的盐，而且大抵是给闲人们作生活的盐，这倒实在是很可诧异的。”他不只一次说着这样悲愤或悲苦的话。

他从不讳言：他是主张报复的。不但报复恶鬼，也希图得到恶鬼的报复——这才是报复的彻底论者。

他坦言道：“我所憎恶的太多了，应该自己也得到憎恶，这才还有点像活在人间；如果收得的乃是相反的布施，于我倒是一个冷嘲，使我对于自己也要大加侮蔑；如果收得的是吞吞吐吐的不知道算什么，则使我感到将要呕哕似的恶心。”

可谓“无毒不丈夫”。然而他说，形诸笔墨，亦不过“小毒”而已。

权力是不可能分享的，政府对民众的操纵和压迫是必然的——至少在可目见的历史时段内是这样。此等情形，议会政治固然不可避免，就算“革命政权”，也常有借众凌寡，甚于独夫的倾向。凡这些，其实在他青年时期的论文中就已经作出明确的否定了。因此可以说，他与一切自由主义知识分子，以及绝大

让-雅克·卢梭（Jean-Jacques Rousseau，1712—1778），法国启蒙思想家、教育家、音乐家、作家。生于日内瓦，一度定居巴黎，一生漂泊无定，为《百科全书》主要撰稿人之一。著有《论人类不平等的起源》、《社会契约论》、《爱弥儿》、《忏悔录》、《一个孤独的散步者的遐想》等。他是法国大革命的重要的思想先驱。鲁迅早在南京路矿学堂读书时，已阅读了卢梭的《社会契约论》（《民约论》），接受其革命思想的影响；后来又称卢梭等人为“大呼猛进”的“轨道破坏者”，多次为之宣传辩护。

部分左翼激进分子的分歧是带根本性的。

对权力的认识，是问题的起始，也是归宿。

对他来说，报复、斗争、革命，都是针对某一种社会势力而言的，而非对付个人，更非要人性命，一如他所说。他是从来把个人的生命看得至高无上的，所以只要涉及人，总是首先强调生存的权利和意义。

保存生命，作为一个基本原则，同样贯穿于他的论争。在别人眼中，不管如何的"刀笔吏"，他也决不会使用罗织，构陷一类古已有之的把戏，不至于因此陷"对头"于实际的威胁之中。的确，他也曾给论敌加过不少谥号，如"帮闲"、"叭儿"、"乏走狗"、"洋场恶少"、"富家赘婿"之类，但都一律不具危险性、漫画性的，只是为了突出其文化特性而已。

相反的情形是，一些"学者"、"作家"诬他以"拿卢布"、"汉奸"、"反对基本政策"之类，在当时倒是十分险恶的；"四条汉子"关于"实际解决"的警告，也都专横得可以。然而，他的所有这些来自右面和左面的论敌，一旦遭了他的反击，都好像蒙了天大的冤屈似的，甚至至今仍然有人为他们抱屈——因为据说他们都很"宽容"。

据日人对他的回忆，说有一天，他获接中央苏区杀害大批农民的消息，为之坐立不安，声言要劝告共产党，立即制止这类行为。他是不能坐视无辜的死亡的。正因为曾经寄予过希望的国民党借"清党"为名，"用共产青年的血洗自己的手"，所以他才与之彻底决裂。

很难想象，一个萦怀于膏于鹰吻的鸽子的羽毛，容心于给蝇虎咬住的苍蝇的悠长的叫声者，怎么可能主张报复和斗争？又将如何进行他的报复和斗争？

改革有大改革，也有小改革；战士有终生战斗者，也有战斗一时者。在他眼中，章太炎是终于“拉车屁股向后”的；刘半农最后确乎被拖入“烂泥的深渊”；五四新文化运动中的知识群体，在一场恶战过后，则大多“杀人放火受招安”去也……

他的小说中的人物也如此。《在酒楼上》的吕纬甫，《孤独者》的魏连殳，甚至《伤逝》的子君和涓生，都是各各经过一场奋斗之后，最后躬行了先前所憎恶、所反对的一切，而拒斥了先前所崇仰、所主张的一切来。

“老社会”的势力如此，即使韧战，也几乎不能动摇丝毫。

然而，他说：

“仗自然是要打的，要打掉制造打仗机器的蚁冢，打掉毒害小儿的药饵，打掉陷没将来的阴谋：这才是人的战士的任务。”

15 火

火焰仍在燃烧！

普罗米修斯，这位神界的叛逆者，把火从神的手中传递给人类，乃出于道义，出于对人类命运的哀怜。而他，人界的叛逆者，自称从别国窃得火来，本意却在煮自己的肉；因为他自觉身外的黑暗与内心的黑暗有关。

有两类放火者：一类为秦始皇、希特勒一流烧书的名人，一类为《长明灯》中声言“我放火”的疯子。

在中国，火神长期受着崇祀。无论被了火灾和尚未被灾的人们，都要祭火神，因为他们知道，唯有以感谢的礼仪去换取可能的安全。

这种崇敬恶神的文化心理，大约算得是所谓的“中国特色”之一种罢？

他一面放火，一面抗击火神。以火攻火。从生命到文字，由来一样热烈，用他的话说，他是把自己全烧在那里面了。

他一直把文艺看成是引导国民精神的灯火，一直希图以自己的文字为底层的人们照明。可是，在为他所多次恶毒诅咒过的繁难的汉字面前，他是绝望的，因为他们几乎全是盲者。

1914年，世界大战开始时，英国外交大臣格雷爵士观看夜幕降临时点燃泰晤士河岸上的路灯时说：“整个欧洲的灯火都熄灭了，我们这一代人将不会再看到他们点燃的时刻。”

让火燃着！
然而，至今谁是燃灯者？

16 道德

道德大于思想。

如果说思想是航驶的桅船，道德就是河床；如果说思想是果实，道德就是园林，原野和泥土；如果说思想是火焰，道德就是可以燃尽，或可不断添加的柴薪。

他是“二重道德”论者。

外部的二重性，是目下还有主和奴，男与女，因此道德并不划一；内部的二重性，对他个人来说，为人与为己是不一致的。最显著的例子是，他常常把一种虚拟的光明显示给青年，留给自己的一面则是绝望、黑暗与虚无。

论及陀思妥耶夫斯基时，他明确表示说：“压迫者指为被压迫者的不德之一的这虚伪，对于同类，是恶，而对于压迫者，却是道德的。”后来还补充说道：“被压迫者对于压迫者，不是奴隶，就是敌人，决不能成为朋友，所以彼此的道德，并不相同。”

他对苏联十月革命的态度，而今常常得到“前进”的批评家的批评，仿佛其有拥护极权主义的嫌疑似的。其实，他是拿了异国的情形与中国革命——辛亥革命——的情形相比照进行取舍和评价的。

中国革命的结果，是革命的对象得势了，反动派屠戮了革命派。他所经见的，是王金发被杀，范爱农自溺，而杀害秋瑾的凶手章介眉等逍遥复逍遥的大量类似的事实。只要翻翻过去的“血的流水账簿”，他便有权利质问：为什么对于那些凶残的人物就不可以采取“血的方式”？他认为，有人为“俄国的上等人”鸣不平，以为革命的光明的标语，实际上倒成了黑暗，就是不足为怪的。可以设想，“假使遏绝革新，屠戮改革者陀思妥耶夫斯基（1821—1881），俄国作家。因反对沙皇的专制制度，被判死刑，后改为苦役及充军。其父因虐待农奴，被农奴殴打致死，在精神上对他造成重大影响，著有《穷人》、《被欺凌与被侮辱的》、《死屋手记》、《罪与罚》、《白痴》及《卡拉马佐夫兄弟》等。他自称“是在高的意义上的写实主义者，即我是将人的灵魂的深，显示于人的”。鲁迅在文中多次谈到陀思妥耶夫斯基，说他“确凿是一个‘残酷的天才’，人的灵魂的伟大的审问者”。他的倾向于穷人的道德观，以及对于人的内在精神的拷问，是鲁迅特别看重并加以肯定的。

的人物，改革后也就同浴改革的光明，那所处的倒是最稳妥的地位。”但是，世界上的事情，怎么可能永远如此美妙呢？“平民总未必会舍命改革以后，倒给上等人安排鱼翅席，是显而易见的，因为上等人从来就没有给他们安排过杂合面。”“俄皇的皮鞭和绞架，拷问和西伯利亚，是不能造出对于怨敌也极仁爱的人民的。”

在苏联问题上，他评价的是革命，不是革命的异化；甚至可以认为，他评价的是观念中的革命，为中国问题观照下的镜中的革命，不是事实的革命。而且，他评价的也并非革命的全部，而只是集中在平民——相应地必然联系到“上等人”——被置于何种位置这一焦点之上。

20世纪30年代，法国作家纪德撰写了一个名为《从苏联归来》的小册子，检讨说是“我最大的过错是轻信了赞美”。

而他，终其一生是一个怀疑论者。一方面，他呼唤革命，赞美革命；另一方面，却又对革命和革命者抱怀疑和警惕的态度。

普列汉诺夫(1856—1918),俄国最早的马克思主义传播者。早期为民粹派活动家,1880年受沙皇政府迫害,流亡国外,在国外接受马克思主义学说,1882年翻译出版《共产党宣言》,翌年创立俄国第一个马克思主义团体"劳动解放社",先后写了大量著作宣传马克思主义,在文艺理论和文艺批评方面,也颇有贡献。一度与列宁为首的布尔什维克合作,后分道扬镳。鲁迅于1930年翻译出版了普列汉诺夫的《艺术论》,在艺术发生学等一些理论观点上,受到过普列汉诺夫的影响。

他经历过"辛亥革命"、"二次革命",经历过国民党的"清党",还经历过共产党内部的叛卖行为与"左联"烈士牺牲的事实。以他一贯的否定性的思维逻辑,以及为"革命"所放逐,为"革命者"所排斥和迫害的经验,因此,即使未能如纪德一样亲历苏联革命的实际,也不曾产生如纪德所称的"轻信"。

纪德对苏联的批判,集中在特权,专制,以及由此而来的社会恐怖与屈从上面。

国民党及其政府的建制,部分来源于苏联经验,其中表现出来的为知识分子最为敏感的政治文化的专制,是他抨击的主要对象;而后期遭遇的"四条汉子"——共产党在"左联"的具体领导人——的特权思想,也恰恰表现在从组织到思想的控制上,因此不能不激起他的反抗。其实,专制和特权是同一个东西。讥称周扬们为"元帅"、"工头"、"奴隶总管"、"文坛皇帝",指斥他们"锻炼人罪"、"戏弄威权",表明了他对特权和专制的势不两立的态度。此外,还有"唱高调",他是把这也归入"官僚主义"而一并加以抨击的。在"青天白日"之下,他离家避难,托洛茨基(1879—1940),俄国革命家。1917年加入布尔什维克党,被选为中央委员,并任彼得格勒工兵代表苏维埃主席,领导十月革命。十月革命后,历任外交人民委员、陆海军人民委员、革命军事委员会主席等职。列宁病重和逝世期间,被解职,1927年被开除出党,1929年被驱逐出境。1938年在巴黎组成第四国际,后在墨西哥被暗杀。著有《不断革命》等多种著作。托洛茨基政治生涯的浮沉并不影响鲁迅对他的评价,在文艺与革命、文艺与阶级、文艺作为意识形态的性质等系列重要理论问题上,鲁迅接受了他的某些基本观点。

匿名著文,却始终不忘以笔对付手枪。在确实为自己愿意加盟的一个备受压迫与摧残的文学团体内部,即使为了顾全大局,忍辱负重,他也不能消除对寄生于“革命营垒”内的“蛀虫”们的愤懑。他曾经表示,他“连眼珠也不转过去”。他蔑视他们。

他对苏联的同情和支持,无疑是有条件的,有一定范围的,决不意味着他对极权主义的认同。事实上,与此相反,他与众多的独裁者和压迫者战斗了一生,哪怕他们打着诸如“共和”、“共产”一类最漂亮的旗帜。

大约任何明哲,都不可能脱离具体的时空条件的限制。对于铁幕下的苏联,纵有不明真相的地方,也不足奇怪的。

只是,他从来不向世人喋喋不休所不明了的部分,有待了解的部分。即使就他所了解到的部分而言,也不见得与苏共当局的意见一致。比如,苏联在纪念托尔斯泰所表现出来的对人道主义和文化遗产的轻慢态度,他是不以为然的。在托洛茨基已成共产国际的“公敌”之后,他仍然一再提及他,译介他的文字。在文学方面,他所侧重的,也并非激进的“无产阶级文学”,

而致力于“同路人”的宣传……

英国有一位作家，曾经提出一个关于“知识分子势利”的问题。这很使人想起他的一篇小品《狗的驳诘》。他正是这“势利”的一贯的反对者。说到苏联，不管当时它的国际地位如何，值得注意的是，在中国都是弱势的、危险的思想源。形格势禁，后来的情况便与此大两样了。

对于苏联，正如对“左联”一样，到了后来，他大概已经不可能如我们所尊敬的立论持平的学者那样，如实地表示他的具体意见了。

诚实是需要付出代价的。他发现自己早已进入了某一个“场”，一个个人与社会相周旋，充满了各种势与力的互相牵制的所在。他必须考虑，他的表态事关中国的利害得失；孰轻孰重，他不能不作严格的选择。在很多时候，他是宁可选择沉默和隐忍的。他说过，事情只可取大而舍其小；又说过，不可使亲者痛而仇者快。而对于他这个复仇者来说，最大的仇家，乃是反动专制的政府当局。对苏联或“左联”的任何批评性意见，一旦公开，客观上都只能有利于当局，这是无疑的。

这里存在着一个可怕的“语境”问题。要解读他，必先解读语境。

五四运动前后，知识界开始出现对“民间”、“平民”、“神圣劳工”的礼赞，揭开中国社会思想史的崭新一页。

关于苏联，无论正反两方面的宣传，都把它当作是工农政权，完全不同于历史上沿袭下来的各种政体。姑不论政权的实卢那察尔斯基(875 — 1933)，苏联政治家，文艺评论家。早年从事马克思主义宣传工作，参加1905年革命，1917年十月革命后至1929年任教育人民委员，1929年起任苏联中央执行委员会学术委员会主席，次年当选为苏联科学院院士。撰有不少关于文学、音乐和戏剧理论及批评著作。鲁迅着重加以评介，并在关于文艺遗产等一些理论问题上，深表赞同之意。

质如何，从广袤的黑土刚刚升起的这个新型的政权形式，对一个长期蒙受封建专制政治的压迫，而且敏感于这压迫的人来说，都应当不失为一种鼓舞。

因此，他对苏联的肯定，与其说是关于现实政治的具体表态，不如说是个人政治理想的另一种表白方式。

纪德在说到罗曼・罗兰对苏联的袒护态度时，说：“这位雄鹰已经筑好了巢，他在那巢里休息。”

而他没有巢，他无须筑巢。大漠与岩石是他的栖息地；甚至连栖息的机会也没有，他一直逆风飞行，直到停止喘息……

他曾提到过“颜氏的渡世法”，也称“颜氏式道德”，后来改称为“北朝式道德”，所指是一种普遍的社会道德；并且指出，假使这种道德者多，在中国社会上将成为一个“严重的问题”，很有荡涤的必要。

所记云：《颜氏家训》作者颜之推生当乱世，其时胡势大张，乃谈古典，论文章，儒士似的，却又归心于佛；而对于子弟，则愿意他们学鲜卑语，弹琵琶，以服事贵人——胡人。直至近代以降的达官、富翁、巨商，包括知识分子，同样具有这样的思想：自己念佛，却让子弟学“洋务”，使将来可以事人。有着如此的处世态度和方法的遗传，将如何除去社会的奴隶根性？

他十分赞赏柔石，说是“无论从旧道德，从新道德，只要损己利人的，他就挑选上，自己背起来”。对于旧道德，明显地既有扬弃，也有保留。

他不是道德家，却充满道德感；他没有道德的说教，却又无时不给人以道德的启示。

悲剧的力量，其实是道德在遭到毁灭性打击以后，所坚持保存下来的力量。

17 思想

思想是病态社会的产物。

世人往往指斥思想如何不安分，如何偏激，如何异端，却不责社会先行发生的畸变。

最富有活力的思想是变革现实的思想，革命的思想。疏松的现实可以渗透，死硬的现实则必须粉碎。可是，向以和平温良著称的学者唯有承认渗透—改良的合理性，而不问现实黑暗的密度。直面现实是首要的。只有充分把握了现实世界的性质之后，才能确定采取倾斜的方式还是颠覆的方式。

报复思想显示了他的平民性。

报复不是同级斗争。在这里，有一个恃强凌弱的前定的事实存在，因此报复也就是弱者对强者的报复。

个人的存在是现实的一部分，所谓变革现实，是包含了自我批判在内的。正因为如此，他便有了许多“人我所加的伤”。

然而谁愿意加伤于自己呢？所见的革命者，往往长相都十分的圆满、洁净、漂亮。

报复必然牵涉到一个善恶问题。

善恶是纯粹的道德判断。道德家既有善恶的概念，却又要抹杀善恶的界限。他们常常以为善者自居，不是以恶为善，就是主张勿抗恶，好像一旦抗起来就又变做恶了，或者简直比恶更坏。一些学者以“爱”立论，反对报复，反对革命，反对激进主义，其实是一批故作姿态的道德家。他们搬用各种经典、名词、好看的借口，诸如“公理”、“道义”之类；这些东西，“先前曾经干净过，”他断然说道，“现在却都成了放鬼债的资本。”

他在遗嘱中写道：“损着别人的牙眼，却反对报复，主张宽容的人，万勿和他接近。”还补充说：“记得在发热时，又曾想到欧洲人临死时，往往有一种仪式，是请别人宽恕，自己也宽恕了别人。我的怨敌可谓多矣，倘有新式的人问起我来，怎么回答呢？我想了一想，决定的是：让他们怨恨去，我也一个都不宽恕。”

宽容是反报复的。用老子的哲学来阐释，宽容就是“不争”。

在一个没有人权，充满不公的社会里，“宽容”一说，倘出于政府，多为欺骗；出于民众，则多为卑怯。

他说："被压迫者即使没有报复的毒心，也决无被报复的恐惧，只有明明暗暗，吸血吃肉的凶手或其帮闲们，这才赠人以'犯而勿校'，或'勿念旧恶'的格言……"

又说："但便是中国，在事实上，到现在为止，凡有大度，宽容，慈悲，仁厚等等美名，也大抵是名实并用者失败，只用其名者成功的。"

在论及明代东林党人时，他说："苛求君子宽纵小人，自以为明察秋毫，而实则反助小人张目。"

中国的战斗者，往往到了后来便渐渐地变得平和起来，乃至痛诋"激进"和"革命"。或许，这同年龄和地位多少要发生一点关系。如果也可以把生命能量的这种不断衰减的过程叫做"熵"的话，那么，于他倒是一个例外：老而弥坚，是谓"反熵"。

非实践性思想可以作为伟大的空话而存留，实践性思想却往往因为自身的危险性而遭到权力和社会的敌视，甚至连同思想者的肉身一起被消灭掉。

战士的思想是实践的思想。
学者的思想是思想的思想。

18　信仰

他说，中国没有真正的党徒，又说中国文人无特操，都是以否定的形式肯定信仰—操守的存在。

他从来没有像宗教徒或神学理论家那样热衷于谈论信仰。大凡为政府所倡导者，脱离现实者，带有说教气味者，都是他耻于谈论的。信仰在心灵里，操守在灵魂里，都不在笔和舌上，更无须说拜仪。

是行为确定目标呢，还是目标选择行为？

《秋夜》——

枣树落尽叶子，单剩一无所有的干子，却一直默默地铁似的直刺着奇怪而高的天空，一意要制其死命……

小粉红花的梦是秋后的春，落叶的梦是春后的秋，枣树的梦呢？我们无从知道，或者竟是他所直刺的天空。他爱对头。刺是他所坚持的。他相信的唯是自己，以及他的干子。

有一群神话和传说中的人物，在他的笔下复活。

女娲崇拜创造，墨子热爱和平，大禹造福百姓，伯夷叔齐效忠先王；羿是爱情至上主义者，黑色人是复仇主义者；孔子走朝廷，老子走流沙，但无论积极用世，还是崇尚无为，也都不失为一种信仰。

唯庄子逍遥，无可无不可，所谓“彼亦一是非，此亦一是非”，当是相对主义的最精妙的概括。他自谓中了庄子的毒，所指便是这种哲学在日常生活中的投影：随便、麻痹、装死，以求心的平安。这是一种死亡意识，是与知识分子的生存责任相对立的。

因此，他必须反抗自己。

怀有坚定的信仰，但是又怀疑一切。

有人把他的个性简化为“多疑善怒”，故每每为人所诟病。在他本人，却明确声明道：“怀疑并不是缺点。总是疑，而并不下断语，这才是缺点。”他的怀疑是从信仰出发的。他不能不怀疑，却非为怀疑而怀疑。

然而，几百年来，无论在神学学者或是启蒙学者看来，信仰与怀疑都是不能并存的。

有信仰而无怀疑者是宗教家；

有信仰且有怀疑者为思想家。

信仰是纯粹属于个人的意向性行为，如果被统一为群众性的精神现象，则不问信仰为何，其实质是极权主义的。可以认为，这是信仰的异化，也是信仰的沦亡。

有“吃教”一说。

他指出，“吃教”两个字，不但提出了教徒的“精神”，也可以包括大多数的儒释道教之流的信者，以及不信者，如现代学者，还可以移用于许多“吃革命饭的老英雄”。

在这里，无论宗教、革命、思想、各种主义，都可以“吃”。有宜于专吃的时代，有宜于合吃的时代。何况这类可吃的东西，如诸教本非异教，主义大可互补，革命与反革命原是一家子，闹闹别扭，亦一时的“兄弟阋于墙”而已。

在中国社会，任何个人，都是吃人家族的成员。由于此间没有人不具吃人的履历，故此都是有罪的，于是赎罪——反抗和改变吃人的历史——也就成了不可回避的责任。这是他关于个人行为的基本的思想预设。这项预设规定了他与众人——即所谓“环境”，也即吃人之网——的联系，注定他所作的任何抗争，都已不复是纯粹个人的抗争。

存在两种怀疑：理性的怀疑与心灵的怀疑。

对于他，理性方面的怀疑，主要来自传统文化和权力社会，是批判工作的起点。它是明朗的，有力的，在杂感中作迸射般表现的。斯宾诺莎说的“心灵的真怀疑”，是心灵在“真正彷徨犹豫时流露的那一种”。这种孤寂之感，覆盖了他的小说，诗和部分书信，构成深层的美学。

由于他实行的是个人主义，因此，如果要说“信仰”，唯有自我，绝无他者。关于复仇，他曾设问道：谁来裁判？谁来执行？那结论便是自我。所以，他不像宗教家般的信仰他者，无论上帝、领袖或英雄。但因此，也就可以消解那种信仰与怀疑之间的紧张。

在他的信仰里，人类与个体不是并列的；作为一个历史性恒量，它只能叠合于存在主体。

19　情感世界

“无情未必真豪杰”。

感情过于浓郁而不见流动，过于炽烈而不见燃烧，过于深沉而不见光耀，唯余无边的黑暗……

对于他，情感与理性并存且被置于理性之上。从本质上说，他是诗人而非学者。诗人是生命的，原欲的，创造的，直达的，极端的，常常是非理性的；学者则是远离生命的，淡漠的，规范的，适中的，预设的，造作的，工具的，极力排拒非理性成分。诗人永远处在流浪的途中，学者则一直固守阴暗的城堡；诗人是现代性的存在，正如学者相反是古典主义的合法继承人。

他曾经对古代的诗人政治家屈原作出很高的评价，但也有着明显失敬的、戏谑的成分；究其原因，说到底是政府的智囊人物，念念不忘于帮忙。

章太炎、刘半农曾经是一同战斗过来的师友，到了后来，便穿起学术的华衮，或竟据了要津，保守，倒退，甚至很有些庸俗或荒谬之处。以战士的眼光看来，应当算是堕落或者蜕变的例子了吧？然而，当他们一经去世，而各各遭到文士的吹捧和冷落之后，却不忘著文纪念，恢复并礼赞从前的为战士者的地位，以“愤火”照出他们的战绩。

这是一种历史态度，但也是一种念旧情怀。

对于胡适，最初的分歧之处，是在五四过后，一者坚持《新青年》的启蒙—战斗立场，一者退回到文化学术领地。1929年，胡适发起“人权”运动时，他的攻击表面化了，好在当时主要的目标是梁实秋。及至1933年以后，斗争升级，原因是目睹了胡适对中国民权保障同盟的叛卖和对国民党政府的追随。其时，“专家治国”的声浪甚高，大群的知识者被权力裹挟而去。政府对知识者的利用其实是一种劫难。专就知识—权力的关系而言，与其谴责权力者，毋宁追究知识者。因为在他看来，知识者完全应当而且可以坚守自己的立场。

兄弟周作人、朋友林语堂都经历了由叛徒而隐士的道路。因此，最后分道扬镳是必然的，即便其间没有任何戏剧性事变的发生。

但是，在关系中断之后，他仍然对他们投以温情的关注。

周作人的50自寿诗，备受进步人士的抨击；而他却看出其中隐藏着的对于现状的不平，私下为之辩护，说："周作人自寿诗，诚有讽世之意，然此种微辞，已为今之青年所不憭，群公相和，则多近于肉麻，于是火上添油，遽成众矢之的，而不作此等攻击文字，此外近日亦无可言。此亦'古已有之'，文人美女，必负亡国之责，近似亦有人觉国之将亡，已在卸责于清流或舆论矣。"所以有这样细致入微的体察，固然因为有着长时间的了解作基础，重要的是尚存未泯之爱。大约这也可以看作是"剜烂苹果"之一种吧？

对林语堂亦如此。他在信中写道："语堂是我的老朋友，我应以朋友待之，当《人间世》还未出世，《论语》已很无聊时，曾经竭了我的诚意，写一封信，劝他放弃这玩意儿，我并不主张他去革命，拼死，只劝他译些英国文学名作，以他的英文程度，不但译本于今有用，在将来恐怕也有用的。他回我的信是说，这些事等他老了再说。这时我才悟到我的意见，在语堂看来是暮气，但我至今还自信是良言，要他于中国有益，要他在中国存留，并非要他消灭。他能更急进，那当然很好，但我看是决不会的，我决不出难题给别人做。不过另外也无话可说。"设身处地，宛曲其辞，读罢令人感动。

在这里他是超越了兄弟和朋友的一般的伦理关系的。

在记叙受骗为殷夫诗集《孩儿塔》作序时，他说："我虽以多疑为忠厚长者所诟病，但这样多疑的程度是还不到的。不料人还是大意不得，偶不疑虑，偶动友情，到底成为我的弱点了。"

高长虹和韦素园都是他所深爱的青年。后来，高长虹把他当成"思想界权威"而施行人身攻击；从根柢上，是与无限膨胀的私欲有关的。他亦著文予以回击，并由此悟到青年之不可靠；但在论及新文学历史时，仍能给予高长虹及其他《狂飚》青年以热情的评价。韦素园于他，并不如高长虹们所攻击的那样，是盲目的崇拜与庸俗的捧场，而是出于对伟大的人格和思想的追随。在因严重肺病入院时，韦素园尚未忘情于介绍外国文学，为中国新文学的前途着想。比较起来，他是喜欢激烈然而沉静、踏实、认真，一意着眼于社会改造的青年的。

高长虹和韦素园，两个名字，刚好构成两个对比鲜明的意象：一个横空出世，光彩夺目；一个委身泥土，质朴无华。

的确，他是一个"中间物"，不被理解于两端：即便旧友如许寿裳，新知如冯雪峰。

介绍比亚兹莱，蕗谷虹儿，亦仅介绍而已。至于珂勒惠支，却非一般介绍可比，而是极力推崇，原因盖在版画艺术之外，还有别样的东西；或者可以说，本身就是别一种艺术。

他这样说及珂勒惠支："她以深广的慈母之爱，为一切被侮辱和损害者悲哀、抗议、愤怒、斗争；所取的题材大抵是困苦、饥饿、流离、疾病、死亡，然而也有呼号、挣扎，联合和奋起。"她和她的艺术，不但不能见容于纳粹政权，且为正统的艺术界所排拒。对于中国，她寄予着深厚的同情，但中国于她却是冷淡的。

他的介绍，原非出于她的影响的广大，相反倒是因为深刻地感受到了她的孤寂。《写于深夜里》的头一节，为《珂勒惠支教授的版画之入中国》，开篇便说："野地上有一堆烧过的纸灰，旧墙上有几个划出的图画，经过的人是大抵未必注意的，然而这些里面，各各藏着一些意义，是爱，是悲哀，是愤怒，……而且往往比叫了出来的更猛烈。也有几个人懂得这意义。"他是有限的"几个人"中的一个，寂寞的一个。寂寞者的相遇是幸事呢，抑或不幸？其实，他是一面热情地作着介绍，一面又深味了介绍本身的寂寞的。

"子失母则强"。

这是他对母与子关系的总结，这个总结，隐含了长达几十年的内心创痛。

对于母爱的盲目性，他的理念上是否定的，可是在实际生活中是肯定的、接受的、服从的。与其说他在恪守旧式道德，不如说，这是他对本真的伟大的人性的皈依。他描写过许多母亲形象，正如珂勒惠支一样。他写的母亲，几乎全是"寡母"一类，像他的母亲一样，特别孤苦无告；但从来未曾写过上流社会的母亲，高贵的母亲，幸福的母亲。也许在他看来，母爱是属于底层的，它包含了人世间的全部苦辛；这种苦难质性，与他一生专事复仇的工作是密切相关的，仿佛幽黯之中的一种嘱托。这嘱托大音希声，唯靠个体的觉醒的意志去倾听，去想象，去虚构定型，并从中获得鼓舞。他最终是写了出来的，那就是《铸剑》中的母亲：她要复仇！

以复仇的形象代替牺牲的形象，正是他对中国母亲所作的深情的祝祷。

他与景宋的结合，不失为时代的喜剧，然而又是传统的悲剧。

看他晚年的书信，其中颇多关于海婴的细节记录。这是父爱的记录。由此可知，早年撰写的《狂人日记》的结尾："救救孩子"，就并非空洞的口号；《我们现在怎样做父亲》，也都不是那种囿于道德生活的训条。

父与子，其实可以视作现在与未来的表征。

以尊长为本位，还是以卑幼为本位，在中国，具有历史性变革的意义。他，乃从家庭伦理出发，试图颠覆传统，打开社会解放的大门。

青年时，"走异路，逃异地，去寻求别样的人们"，显然绝望于故土；数年后从异域归来，曾一度热心教育，服务乡梓；然而革命风暴过后，对地方的感情日恶，甚至表示过"神赫斯怒，湮以洪水可也"的决绝态度，当他变卖了老屋，最后迁离的时候，却又流露了深浓的眷恋之情。晚年乡愁尤甚，有多首旧诗为证，还有凄厉的《女吊》。所谓"野人怀土，小草恋山"，以此相对应的是，对中国的态度同样是爱与恨的交缠。他明确说是："凡有来到中国的，倘能疾首蹙额而憎恶中国，我敢诚意地捧献我的感谢，因为他一定是不愿意吃中国人的肉的！"在他身患重病之后，有友人和组织代为安排到国外疗养，前后均为他所婉拒。对此，他曾述及种种原因，其中之一，就是怕到外面当"寓公"；这样，他将远离处于水深火热之中的中国现实，远离战斗的根基了。

他并非那类庸俗的爱国主义者。对于他，民族的立场其实就是中国现代大众的立场，奴隶的立场。他唯是立足于这一立场之上的世界主义者。

有流亡者自称“世界公民”，而他，实则“世界奴隶”。

国家通过“党部”呈请通缉他，迫害他，禁止他发表著作；因此，他也就从来未曾自视为“公民”，或以“公民”相号召。

结果是：国家不承认他，他对如此国家同样不了承认。

他一生多次写到月光，写到水，写到各种梦境。而温柔，神秘的这一切，都与故乡和母亲有关。

20　表达

他的表达是个体的表达。

的确，他以他的文字护卫了被侮辱者被损害者，“无刀无笔的弱者”，但是他从来未曾以他们的“代言人”自居。他知道，一支“金不换”是属于他自己的，而且只代表他自己。他说：“倘使我没有这笔，也就是被欺侮到赴诉无门的一个……”明明白白为他“不留情面”的笔战辩护。知识者社会普遍攻击他的不“宽容”，除了他自己，哪一个“精英”人物曾经为他声辩过？

作为一个叛逆者，他决不会向权力者进什么“忠告”，虽然事实上这类诤谏人物很得世人的好感，以为乃天下“正气”之所钟；甚至像托尔斯泰向皇上和政府作的抗议之类也不曾有。至于用爱默生那样的教师爷式的口吻，启蒙社会和训导庸愚，他一样不习惯。他由来讨厌"鸟导师"。面对杀机四伏的世界，他基本上采取卡夫卡式的独特的独白方式，但是没有卡夫卡的柔弱和自卑；如果论战发生，他是激烈的，雄辩的，"不克厥敌，战则不止"的。在他那里，一面作着《野草》般的梦呓，一面睁了眼看，保持着进入公共空间，以对抗和消解正统意识形态的强烈欲求。

他从来不曾炫示同"名流"的关系，从来不曾得过什么文学奖赏。他反对为自己作传，虽然作过回忆录，也是一面记录时代的影像，一面坟一般保留自己的过往，任何一点阿Q式的"优胜记略"都没有的。他没有其他名人的露阴癖，如生前大量发表通信和日记之类。虽然几乎是唯一地公开了与景宋的通信，但也正如他在《两地书》序言所说的，恰恰因为那是"别人大概是不会有，即有也未必存留的"的缘故。他与景宋的关系，是至死仍然受人攻击的，因此也就算是借此作答，自然还有"为自己纪念"之意。关于创作经验的夫子自道的文字也没有。他反对"天才"论，反对把文学创作神秘化；所以要了解一个作家，他一直以为只须读文本，读手稿，而不必理会"经验谈"之类终于得道也似的唠叨。然而，关于这方面，即便是世界上的许多"大师"都是喜欢饶舌的。

平民的身份，平民的心态，平民的方式，平民的风格。

21　诗学

他是一位乡土诗人。

他的所有作品都是诗性的，无论小说，无论杂感。有一层深沉勃郁的诗意，笼盖着他的一生。

他的作品是短小的，对于他，没有长篇巨制的产生是必然的事情。作为战士型作家，他必须对周围事件时时作出灵敏而激烈的反应；加以长期处于被包围状态：权力者及其走狗的包围，“同人”的包围，还有文痞的无聊的纠缠，已然失去从容构思的时间。此外，他的三个小说集《呐喊》《彷徨》《故事新编》对中国现代乡村，都市知识分子，整个畸形的文化传统所作的描绘，简直动用了他全副的生活经验和感情积累；无论场景、人物、情节，以及其间各种不同的黏合剂，都是高度概括和浓缩了的，几乎没有必要制作长篇进行稀释。重要的是表达。在表达中他会力求完满，却并不要求文体的完备。

对于真正的作家来说，文体是自然形成的。

文章的长短，语调的疾徐，表现了一个作家的生存状态和心理状态。

作为战士，根本不可能经年累月地把时间消磨在同一作品结构的经营上面。

美国作家爱伦·坡认为长诗是不可思议的。只要是诗，就应当是短诗。所谓长诗，基本上是理性的成分，突出的是结构形式，它是以牺牲诗人原初的感觉和情感内容为代价的。

因为主张文学“为人生”，所以无论小说和杂感，都会首先留下他对中国社会历史的悲剧体验，而且，在悲剧感中致力于意义的发掘。正是在这里，存在着两者的互通和转换的可能性。

传统诗学是温柔敦厚的，这是儒教的准则。魏晋之后，释的西来与禅的生发，使道教所施于士人的精神影响廓大起来，于是益发超然。他的作品是对传统诗学的颠覆，那是激越的，批判的，深入的，对现成的权力社会和因循的秩序充满敌意的。但又不同于古代的所谓“狂狷之士”，他们无论如何愤世嫉俗，也是“体制内”的，没有颠覆性的意识—知识作为后援，到底不过“闹点小乱子”而已。如李贽，而今居然蒙了“思想解放”的美名，其实他的那点癫狂也还是名士气，是以气胜，非以理胜。在这里，理性也是现代理性，而非宋儒说的“义理”。

《故事新编》与《魏晋风度与药及酒之关系》的演讲，全不讲“小说作法”和“学术规范”，如同他的杂感，是一种专门与极权主义及上流社会捣乱的写法。

他曾经同瞿秋白有过一次关于翻译—语言问题的讨论。

瞿秋白认为，翻译必须使用“绝对的正确和绝对的中国白话文”，“用中国人口头上可以讲得出来的白话来写。”他固守自己的看法，认为自己和自己的文字，甚至包括白话文本身在内，都是新旧交替的“中间物”，不可能有什么“突变”的。坚持自己所喜欢的美学风格，拒绝迎合和俯就，而这，正是文体风格中的个人主义。

他自嘲的曲曲折折，吞吞吐吐的风格，是他为了保持自己的良知而选择的一种艰难的表达方式。这首先是个人的风格，然后是时代的风格。

他的最大特点是质朴。

在上流社会中,质朴是一种稀有的品质。质朴于他,首先表现在他在现实语境中所取的态度;这种态度,是尽可能直接地进入他的思想目标。事物本原的剥离与主观立场的显现,都是同时进行的,且完成于“瞬间”。

其次才是文字的经济,以及其他。

在他那里,思想愈是直接,文字愈见迂回;即如河流,水流既深且疾,才见漩涡四布。此间,迂回行进的是探索与批判,而在整个流程中,则有众多的文化镜面——诸如典故、新闻、事件、人物、问题等等——的敞开。观念是西方的,语言是民族的;方向是大众的,立场是个人的;材料是兼容的,处理是偏激的。这是一种独特的叙述风格,令人惊叹的文学景观。

他的写法是多元的:表现主义,象征主义,写实主义,莫名其主义的主义;唯精神是一元的:现实主义。

必须有一种合适的语速去阅读他。

不同的文本,可以用相同的语速;同样的文本,却可以用不同的语速。但不管取何种速度,都必须注意:不能太快;因此相应的,调子也不能太高。

试读他的一段文字:

“……盖打油亦须能有打油之心情,而今何如者。重重迫压,令人已不能喘气,除呻吟叫号而外,能有他乎?”

抗辩的风格，是专制时代的潜风格。但是，唯有勇者，才能通过自己把它体现出来。

他有一种质素，可以防止优美变成典雅。

阿Q并非典型的社会形象，而是思想形象；一半在地上生活，一半在空中悬浮，既在都市与乡村之间漂泊，又在现实世界与形而上世界之间徘徊，是彻底的流浪汉，名符其实的“边缘人”。作为一部现代民族的寓言小说，《阿Q正传》的真实性和可靠性，主要不在于可以观察得到的历史场景，而是通过想象，从中发现自己和周围人们的畸变，缺陷，为肉眼所看不到的情形。

这是一块特殊的镜子，由一个平面和一个凸面重叠构成。

假设他是一名演奏者——

即使激越的调子，他也不用钢琴弹奏，宁可使用铜管。最早的时候，他曾经吹过小号，做过鼓手，然而很快就放弃了。从根本上说，他当不喜欢近于领头的膨大的音调。更多的时候，他是大提琴手；或者可以说，他本人就是一把孤独的大提琴。

他的文字使人想起一种黏稠的物质，想起遗落在他故乡的著名的历史断片“卧薪尝胆”，想起搅动的胆汁，既热烈，又苦涩。

他的偏激和片面不仅是一种情感需要，也是一种方法论：

他的言说，只是选择当下最急迫的部分去表达，为了突出这一部分而有意遮蔽别一部分。所以要阅读他，必须注意他的那些尚未说出的部分，因为这部分内容并不一定是他所要否定的，甚至可能是肯定的。

沉默比言说更真实，更丰富；尤其在专制时代。

22 守夜者

守夜者必须靠近人群，才能明了他们的处境，获得一种责任；但又必须离开人群，才能对四周保持高度的警觉。这个位置，将使他最早遭受危险和死亡的袭击。

陷落在黑夜里的人们，因守夜者的存在而鼾声大作，做蓝色的梦，醒来在火光中嬉戏，舞蹈，唱和平的颂歌。他们不会看见暗处的守夜者，不知道他的存在是搏斗的侥幸的结果；白日来到之后，便纷纷围拢过来，嘲笑他遍身花纹般的创痕……

不同的思想意向，可以使人们在同一处境中分属于不同的世界。

火焰最后跳跃着消失了……

黑暗可以重临，死灰安可复燃？

守夜者的故事已经远去，唯夜留下，以及出没无常的兽群……

1998年9月1日

一个人的爱与死

总之：逝去，逝去，一切一切，和光明一同早逝去，在逝去，要逝去了——不过如此，但也为我所十分甘愿的。

——鲁迅：《写在〈坟〉后面》

1　这个人

这是一个从无爱的人间走来的人，一个向坟的过客，一个背负了巨大的虚无，却执著地挑战死亡的人。

2　两间

精神分析学者认为，人类具有两种本能：一作爱欲，一作攻击；一作生存，一作死亡。两种本能冲突的结果，每每体现为单一的倾向，于是成就了世上的许多宗教家、艺术家、伟大的统帅、铁血宰相、强盗、刽子手、书报检查官、裁缝匠，各种类型的人。对他来说，两种本能冲动却都是同样的激烈，相生相克，缠斗不已。当此明与暗，生与死，过去与未来之际，他不能不呐喊且彷徨于友与仇、人与兽、爱者与不爱者之间。

3　相关的世界

为他所爱的有限的几个人，已经渐次地归于陨亡，或竟自沉没；唯余无所可爱的茫漠的世界在身后。但他屹立着，一如从前般地抵挡迎面的刀箭；他总觉得这世界与他有关，毕竟这是所爱者曾经存活的世界——

复仇的战士！

4 摧毁性打击

无爱的婚姻,对他一生的打击是带摧毁性的。

结婚时,正值青春的盛期,他却感觉着突然衰老了。东京,北平,革命的浪潮起伏无已。然而,身外的青春固在,于被禁锢的生命又有什么关系?因此,无论杀人或自杀,他都可以毫无顾惜地一掷身中的迟暮。

在会馆的古槐的浓荫里,钻故纸,读佛经,抄古碑,无非借此从速消磨自己的生命。虽然,这也未尝不可看作政治高压之下的一种麻醉法,如刘伶们之食五石散,但是鳏居的日子显然给他整个的反抗哲学涂上了一层绝望的底色。即使后来投身于《新青年》,做小说,写杂感,一发而不可收,却也同样出于无爱的苦闷,就像当时他所翻译的一部颇具弗洛伊德主义色彩的文艺论集称指的那样:"苦闷的象征"。

5 苦闷与创造

《补天》的女娲,其伟大的创造,唯在无爱的大苦闷中进行。

6 遗产

他深爱着他的母亲。

正是他所深爱的人送给他一份无所可爱的礼物:朱安。命运的恶作剧。然而,这是不容违抗的,因为血脉是不容违抗的。或如他所说,她是一份"遗产",那么在接受这份遗产之前，他已先行接受了另一笔更大的遗产——传统礼教——了。

说及战斗，他曾说自己从旧营垒中来，反戈一击，易制强敌的死命。对于家族意识的暴露，他是刻骨般的深入，这不能不归因于他所亲历的一份沉痛。

许寿裳丧偶后，他写信劝慰道："子失母则强。"他之所以愈战愈强，莫不正是精神上丧母的缘故？自婚姻事件之后，大约已因深味这"亲子之爱"的恐怖而远离他的母亲了。

7 可怕的牺牲

他有一则随感录，记他读了一位不相识的少年所寄的一首题名《爱情》的诗的感想。

诗里说，他夫妻两个"也还和睦"，就是不曾"爱"过，仿佛两个牲口听着主人的命令："咄，你们好好的住在一块儿罢！"他感同身受，当即发挥道：

爱情是什么东西？我也不知道。中国的男女大抵一对或一群——一男一女——地住着，不知道有谁知道。

我们既然自觉着人类的道德，良心上不肯犯他们少的老的罪，又不能责备异性，也只好陪着做一世牺牲，完结了四千年的旧账。

做一世牺牲，是万分可怕的事……

我们能够大叫……要叫出没有爱的悲哀，叫出无所可爱的悲哀……我们要叫到旧账勾销的时候。

8 两重性

观念的激进主义者，
行动的保守主义者。

9 觉醒

克尔凯郭尔说："与整个19世纪相违抗，我不能结婚。"存在主义哲学家以抽象的语言掩盖了关于丧失自我的未来的恐惧。

他成婚在20世纪初，正是中国现代思想文化刚刚发轫的时刻，个性解放的时刻，充满尝试与突破机会的时刻。这个"人国"乌托邦的建造者，深知自己犯下的"时代性错误"，但是，他无力纠正。所以，他说：

"人生最苦痛的是梦醒了无路可以走。"

10 爱情与婚姻

爱情源于爱欲，是爱欲的升华。

爱情是敞开的，自由的，是心灵的契约。在本质上，它是蔑视世俗的，因而是无畏的；当它一旦被家庭转译为组织的语言，便变得颇多忌讳了。婚姻使爱情物质化，法律化；作为两性结合的形式，它是公设的关于爱欲的封闭系统。

爱情并不等同于性爱，由于灵魂的参与，从而具备了高出于动物性的内容。它是关于人的本质的最完整的体现。

爱情只是个体与个体之间的一种关系，富于良好的弹性；当它被婚姻实体性地置于一个固定的空间之内，便构成了某种现实环境。这样，婚姻得以以一种团体的性质改变爱情的个人性，成为个人的异化力量，从而失去了人性本真的广度。在婚姻中，爱情是隶属的，是被支配的团体所有物。可以说，婚姻是奴隶制在现代社会中的最后一处安稳的居所。

11　夹击中

无论对人类还是对个人而言，爱情都是柔弱无助的；它经常处于死亡本能与死亡文化的夹击之中。

12　流放

他的哲学既然以生命为本位，那么，作为生命活动的基本形式，爱情不能不成为他所渴望的人生。可是，他太重视精神了。灵与肉的自然结合难道是可能的么？这个怀疑论者，即使怀着一种高远的理想，最后也不能不把自己放逐到荒原中去。

13　雨和雪

《雪》说，朔方的雪是孤独的雪，是死掉的雨，是雨的精魂。这雪，已经使他永远失去了江南时期的那种滋润美艳，甚至隐约于其中的青春的消息了。

14 剪绒花

小说《在酒楼上》以苍凉的语调，述说着一个无所爱的记忆：因为南归，辗转买得红剪绒花，意欲送给邻居姑娘阿顺，——我知道，那是她所喜欢的。带到老家，打听得阿顺已经在出嫁前病殁，再也无法用它装扮苍白的青春了。托人转赠阿顺的妹妹吧，这妹妹一见我就飞跑，大约将我当作狼或别的什么。那么，剪绒花的存在究竟有什么意义呢？

爱是没有对象的。

15 馈赠

他说《我的失恋》，旨在讽刺流行的打油诗，其实一如《他》以及其他白话诗一样，都是爱的独白。其一，是说我的所爱在寻找不及的地方；其二，爱人所赠与我的回馈完全的风马牛不相及：百蝶巾——猫头鹰，双燕图——冰糖葫芦，金表索——发汗药，玫瑰花——赤练蛇，彼此的价值并不对等。据考证，后者正是他平素所喜欢的。事情如此悖谬，难道爱，真是可以期待的么？

16 影的话

于是，有《影的告别》：

朋友，时候近了。

我将向黑暗里彷徨于无地。

你还想我的赠品。我能献你什么呢？无已，则仍是黑暗和虚空而已。但是，我愿意只是黑暗，或者会消失于你的白天；我愿意只是虚空，决不占你的心地。

我愿意这样，朋友——

我独自远行，不但没有你，并且再没有别的影在黑暗里。只有我被黑暗沉没，那世界全属于我自己。

17 他和她

爱有一种偶然性。爱是瞬间的发现。

在人生的某一个驿站，正当潮流汹涌的时刻，他和她突然相遇——相爱了。

18 两位女性

在女师大，他遭遇过一位年轻的女性许羡苏。大约他们是亲密的吧，所以曹聚仁在一部关于他的评传里，称她为他的“爱人”。因为她，他写了《头发的故事》；她对他的生活——其实是生命的相当重要的部分——表现过女性特有的关怀；在他逃难期间，也是看望最殷的一个。后来，他偕同另一位女性，她的同学许广平离京南下，

与许广平等合影。（1927年8月19日摄于广州西关）

每到一处，必有明星片报告行止；除了通过她报告母亲，其间，想必还受了一种近于赎罪的心情的支配的吧？但无论如何，他已经决定同后者比翼南飞了。

感情这东西是无法分析的。他所以最终选择了后者，自然有着种种因由；但是，可以肯定其中最重要的方面是：她是一匹烈性的“害马”。

19 选择

“害马”以身相许，在给他带来无比的欣慰的同时，也带来了无穷的忧虑。

从为“害马”剪去鬃毛的那天夜里开始，他就紧张地思考着面临的问题：是同“害马”结合呢，抑或做一个婚姻形式主义者，继续过一种独身生活？他同时写了两个小说：《孤独者》和《伤逝》，可见过分焦虑的灼痕。如果拒绝“害马”，自己将要成为魏连殳，最后弄到无人送殓的地步；如果生活在一起，则势必不但连累“害马”做牺牲，而且自己也会像涓生似地变得一无所有，唯存永生的悔恨与悲哀。

离京前，他将司马相如的《大人赋》书赠川岛，结句是：“必长生若此而不死兮，虽济万世不足以喜。”仙乡是不足留恋的，他决心走出禁欲主义的境地。即使时已至此，他仍然瞻前顾后，犹疑不决。在厦门和广州之间，两地传书，也还有过将近一个月的关于“牺牲”的讨论。

爱一个人是艰难的。对于爱情，他原来便很自卑，由于年龄和健康的缘故，怕因此“辱没了对手”；再者，是对于地位的考虑，在他看来，这同经济生活是颇有些关联的；最后便是“遗产”问题了。其实，所有这些，都经不住“害马”的一一冲决。“不要认真”，她告诉他说，“而且，你敢说天下间就没有一个人矢忠尽诚对你吗？有一个人，你说可以自慰了……”。在他摸索异日的道路而需要“一条光”时，她给了他“一条光”。

20　宣言

“我先前偶一想到爱，总立刻自己惭愧，怕不配，因而也不敢爱某一个人，但看清了他们的言行思想的内幕，便使我自信我决不是必须自己贬抑到那么样的人，我可以爱！”

他终于说了。

21　一种战胜

“我可以爱。”在这里，爱是一种权利。“我是我自己的，他们谁也没有干涉我的权利！”子君说的，同样是爱的权利。五四时代的著名的题目：“娜拉走后怎样？”说到底还是爱的权利问题。

没有权利观念的爱情，其能否存在是可疑的。

为了争取爱的权利，而终于背叛了婚姻；对于他，可谓个人主义对人道主义的战胜。

22　冲突

两人结合之后的第一次冲突，即关于害马的职业问题。

她要到社会做事，应友人之邀去编辑一份杂志，不要像子君那样“捶着一个人的衣角”过日子，实在很有点“新女性”的气魄；作为五四战斗过来的老战士，本当表示欣赏的，至少应当尊重她的选择，然而竟不然。

他并不赞成两个人分开工作，倘使如此，岂不是又要回到从前独战的境地中去了？于是他替她预备了一个计划，就是从他学日语，以便将来从事世界最新思潮的译介工作（当时，社会科学一类书籍多从日本方面转译而来）。这是极有益于中国的。可是，如此终极性目标，岂是一般人所可抵达的？即便计划是万分完满的吧，也当由本人作出，无须乎从外部施加压力的。

最后，她屈服了。

在职业问题上，他的谋虑是广大深远的，但又明显带有自私性。或许，爱情正好因为自私而不同于人类其他的社会行为。没有哪一位伦理学家主张爱情是完全为他的。倘不需要接受对方的任何东西，大约自己也决不会将所有这一切给予对方。

23 返回

致命的是婚姻。

《伤逝》怀着深隐的恐惧言明婚姻的束缚性、权威性，言明爱与死的二律背反。然而身不由己，他已经落入网中。

本来，选定“同居”的现代形式，是最适宜于爱情的自由栖留的。可是在事情的发展过程中，却不可避免地婚姻化、家庭化。特别的“报应”，是多出了孩子，这就益增了传统家庭的稳定性。

24 结婚答卷

同居半年，他就“结婚然否问题”复信李秉中，答道：“结婚之后，也有大苦，有大累，怨天尤人，往往不免。”稍后又说：“结婚之后……理想与现实，一定要冲突。”

25　歧异

在害马给他“一条光”时，他说：“置首一人之足下，甘心十倍于戴王冠。”

其实他是不甘心的。

爱情的健康发展，决非造就其中任何个人的僭主地位。如果要穿越婚姻这一死亡形式而保持爱的活力，必须承认个性歧异的客观性，在实际生活中，让出个体活动的空间；可是，在害马的职业问题上，他恰恰采取了以共性排除个性的方式。他要成为一个人。

她性格外向，他偏于内倾。她出身学生领袖，重视群体斗争的方式，曾经一度加入国民党；他是一个写作人，自由职业者，所取是典型的个体方式，所谓“散兵战”，所以深畏组织的羁系，反对加入任何党派，更不必说憎恶政客一流了。如果不是在思想倾向一致性的基础上，发展各自的个性，冲突将是难免的。

26　爱是一个过程

为了避免爱为婚姻所葬送，除了获取个性的独立和自由，也即男女双方的平等地位之外，还须把它视作精神的平行发展的一个过程。用《伤逝》的话来说，就是：

“爱情必须时时更新，生长，创造。”

“安宁和幸福是要凝固的……”

爱是起点，也是终点，求生是漫漫长途。爱作为精神现象而贯穿其中，却往往或迟或早被日常生活置换为形体的交往。这是极其可怕的爱情悲剧。说它可怕，是因为它几乎无事地以正剧的形式上演。

27 爱与生活

爱是伟大的，生活是重要的。

在《伤逝》中，子君和涓生因为相爱而走到一起，结果却在生活艰窘中分手了。如果说子君忘却了生活而保留了爱，那么涓生则保留了生活而忘却了爱，两者都使爱凝定在先前那里，而呈一种孤离的状态。涓生反复表示自己的悔恨和悲哀，是因为对于爱，既不曾坚持也不能坚持。"人必生活着，爱才有所附丽。"这是的确的。但是，由于长期为大家庭的经济所累，而且习惯于旧式婚姻的无趣，实际上已使得作者本人将生活和爱割裂开来，而把生活置于优先考虑的位置；当二者不可得兼，为生存计，是宁可牺牲爱作为代价的。

对于日常生活中的爱，他有一种虚无感。

28 隔膜

事实证明，他的顾虑并非杞忧。

害马在家务面前已经变得日趋驯顺了。一个叫作家庭的巨物，把她同社会运动隔离开来。原来写作过凌厉的杂文，这时完全停顿下来了。她已单方面放弃了早年对于社会改造的参与；正像《伤逝》里的子君，功业完全建立在吃饭中，"似乎将先前所知道的全都忘掉了”。停顿，放弃，完全的忘却，都是个体生命内部死亡本能的象征。

在两人关系上，她除了帮忙誊稿、校对、送邮，做种种杂事（本身构成了足够的牺牲），已倦于追踪他的思想发展。在他辞世以后，她写作关于他的回忆录，也多限于起居饮食之类，而对一个精神战士的心路历程，尤其晚年的状况几乎一无所知；在有关的许多重要方面，留下了大量空白。

《伤逝》写到子君，感慨系之曰："人是多么容易改变呵！"

29 倾听

而他，可曾倾听过她那牺牲底下的心灵的颤响？

30 对话

相爱的过程是对话的过程。男女双方作为坦白自在的对话者，一旦话语贫困，或竟无话可说，可视同爱情的衰亡。

唯有一种沉默例外，即所谓"默契"；此乃无言之言，是最深入的对话。

31 冷战

他一面不满于她甘于平庸的变化，一面对她作出的牺牲怀有负罪感；他一面渴求交流，一面又喜欢寂寞。这种矛盾的纠缠，促使"冷战"的间断出现。

她曾叙述过他在"冷战"期间的自戕的表现，那是很悲惨的：他可以沉默到一句话不说，最厉害的时候，连茶烟也不吃，像大病一样。或者在半夜里大量地喝酒，或者走到没有人的空地里蹲着或睡倒。有一个夜晚，他就睡到阳台的暗处，后来被孩子寻到，也一声不响地并排睡下时，他才爬了起来……

战后，他常常抱歉似地说："做文学家的女人真不容易呢，讲书时老早通知过了，你不相信。"或者叹息着说："我这个人的脾气真不好。"

她会回答说："因为你是先生，我多少让你些，如果是年龄相仿的对手，我不会这样的。"

于是和解了。

譬如洪水，和解相当于闸门的调节，理解则是河道的疏浚，情形可以很不同。

32　潜伏者

现代行为学创始人洛伦兹说："真正的爱，都带有很高的攻击性潜伏着。"

或许如此。

33　保存与牺牲

早期，他写《死火》，写《腊叶》，都是写自己如何因爱而得以保存的际遇。在爱的途路上，她是得了家族和亲友的反对，而无畏前往的；何况当时，相爱于他已经不再是青春的故事。保存与牺牲是连在一起的。这牺牲，使他常常深怀感激，虽然他知道感激于人很不好。"感激别人，就不能不慰安别人，也往往牺牲了自己，至少是一部分。”他说。《野草》里，过客就是害怕感激的。

他曾购《芥子园画谱》相赠，题诗道：

十年携手共艰危，以沫相濡究可哀。

聊借画图娱倦眼，此中甘苦两心知。

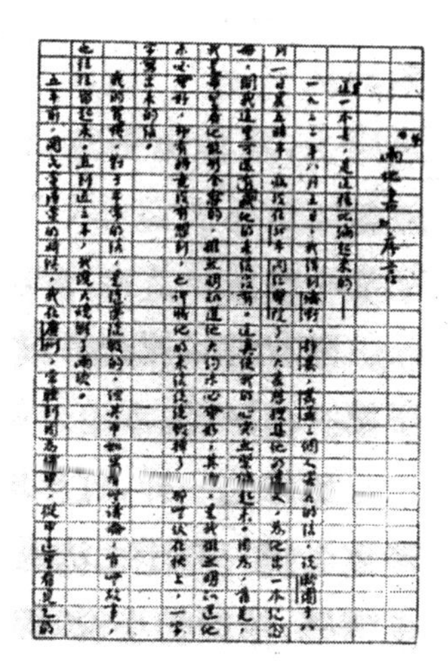

鲁迅为《两地书》所作序言，写于1933年5月27日。

爱，在这里，更多的不是前瞻，而是回顾。回顾往往要使他因过往的情景而重寻自己的爱的角色，进一步意识责任的沉重；也往往要因对方的牺牲而唤起难泯的感激，且因感激而除去许多不满，那结果，也就变成了自己的心的慰安。

34 又一种战胜

对于他，如果说相爱是个人主义的战胜，那么它的维持，则是人道主义的战胜。

35 挣扎

他在致一对青年伉俪的信里，说到他和她在年龄和境遇等方面都已倾向于沉静时说：

“冷静，在两人之间，是有缺点的……”

家庭的宁静也是一种死亡。无论如何的受制于理智，只要爱着，一定有激情鼓荡其间。如果激情平息了，湍流变成了止水，便遗下本我在挣扎。

爱欲的挣扎是最深的挣扎。

《道德经》曰："柔弱胜刚强"。死亡是强大的，而爱欲是持久的。

36 梦一

随着青年流亡者萧红的到来，他的孤寂已久的心地，仿佛有了第一次融雪。

她像他一样，过早地蒙受了婚姻的创伤。而且病肺，身心严重受损。对于无法返回的故园，两人都怀有热烈而沉郁的乡土情感；他们的小说，诗一般地散发着大地的苦难气息。此外，同样地喜爱美术，对美特别敏感。这样，他们之间就有了更多的共同语言。

对话范围很广：社会，文学，直到裙子，靴子，穿戴得漂亮与否。因为她与爱人的矛盾，苦闷之中，前来看他的次数更多了，有时甚至可以一天几次。有一个上午她来过，下午再来，他立即把椅子转向她，说：

"好久不见，好久不见。"

这是别有会心的玩笑。她怔住了。

后来，她远走东京，一去没有了消息。这是颇费猜量的。及至回国，她做的第一件事就是到墓前看他。她几乎倾注了全部的情感，不停地作文，写剧，以此纪念她所敬爱的人。

37 梦二

上海时期，他经常去内山书店，其中有一个目的，即与山本初枝倾谈。她住的地方，就在书店的后面。

他给山本夫人的信，在日本友人里面，分量仅次于增田涉。他与增田通信，主要讨论翻译及学术问题；与她的通信，内容更多关涉生活和情感方面。对于时局的观感，也较其他人为直接。像"中国式的法西斯"、"白色恐怖"、"政府及其鹰犬"、"网密犬多"的话，像"只要我还活着，就要拿起笔，去回敬他们的手枪"、"试看最后到底是谁灭亡"、"非反抗不可。遗憾的是，我已年过五十"的话，无论诅咒或感慨，在其他通信中是罕见的。对中国社会的关怀，可谓心灵相通。他致信增田说，山本夫人不能来上海"是一件寂寞的事"；而致信山本夫人，则几乎每信必诉说"上海寂寞"，更为其他信件所罕见。

有一封信，说到"君子闲居为不善"时说："尤其是男性，大概都靠不住，即使在陆上住久了，也还是希罕陆上的女性……"是很有点意思的。还有一封信，说到自己也在家里看孩子，便说："这样彼此也就不能见面了。倘使双方都出来漂流，也许会在某地相遇的。"

漂流是一个白日梦。

家是坚固的城堡，不能移动的。

难怪山本夫人初闻他的噩耗立即失声痛哭。他是她所挚爱的。她发誓要写一部关于他的传记，如果对他没有足够的了解，对他的生平不曾拥有足够的材料，这种设想是不可能的。后来，传记没有写成；但作为一位歌人，每逢他的忌日，都没有忘记作诗，吊慰她心中的那具寂寞的魂灵。

38 梦三

他喜欢裸女画。

居室妆台上方放置的三幅木刻，其中两幅便是裸女：一幅《夏娃与蛇》，一幅《入浴》。两幅木刻，都是他所爱的德国画家毕亚兹莱式的，纤柔，神秘，而更富于原始爱欲。

还有一幅装饰性很强的小小木刻画，被他放在枕边，不时地拿出来自赏。画面上：一个诗人手握诗卷在朗诵，地面玫瑰盛开；远处，有一个穿着大长裙子，披散了头发的女人在大风里跑……

这是什么意思？

萧红不知道，许广平也不知道。

39 梦后

富于青春活力的生命，柔情，自由无羁的精神交流……如果这一切都只能得自梦中的给予，可知生活本身的匮乏。

当一个人把全副心力投入社会性工作，完全沉湎于现实斗争，实际上等于帮助社会完成对个人的占有。这种极其悲惨的个人牺牲，可能出于对个人问题的无意的舍弃，但也可能出于有意的遗忘。

40 求索

所爱的人在哪里?

如果连最亲近的人也相距如此遥远,那么,在茫不可及的社会上可能寻到更亲密的人吗?

41 爱与憎

难怪他要"爱对头"了。

在《复仇》中,他让耶稣在手足的痛楚中,玩味以色列人怎样对付他们的神之子,悲悯他们的前途,仇恨他们的现在。在《颓败线的颤动》中,他让垂老的女人冷静地走出深夜,遗弃了背后一切的冷骂和毒笑,一直走到无边的荒野。在《死后》中,他让死者表示至死也不给祝他灭亡的仇敌矢口道,不肯赠给他们一点惠而不费的欢欣……

他小说中的许多人物都是在无爱的人间死掉的,而实际上,他生活中的许多人物都是在无爱的人间死掉的。最后,连他本人也将死于无爱。他不甘屈服于死对爱的战胜,说是"同我有关的活着,我倒不放心,死了,我就安心",乃是因为死对爱的战胜,正好使他无所眷顾、无所忌惮于无爱的人间,而成为满布怨敌的社会的顽固的敌人。

42 水与火

超然的心,他说须得像贝类一样,外面非有壳而且有清水不可。不肯超然的心，自然得不到壳的保护和水的濡润；于焦灼中自燃而为愤火，终至焚毁了自己，并以此照见周围的黑暗。

43 本原

——“待我成尘时，你将见我的微笑！”

1996年7月31日—8月8日

鲁迅的反抗哲学及其运命

哲学家出现在严重危机的年代——轮子转得更快的年代。在这种时刻,哲学家和艺术家占据了走向衰亡的神话之地位。他们远远超出了他们自己的时代,因为他们的同时代人迟迟不能注意到他们。

——尼采

1 思想者的悲剧

思想者的存在是一个悲剧。

帝王，贵族，将军，各种被称之为英雄的人物，他们所以广为人知，都因为生前显赫的地位，和重大的戏剧性行为所致。这些行为，如焚书坑儒，割地赔款，宫廷政变，宗教战争等等，直接作用于众多尚未彻底钝化的感官，肉体与灵魂，使人于顷刻间无从逃避。身后，再由王室继承人，宠臣，政敌，把这一切写入家谱，墓志铭，纪功碑和耻辱柱。其中。时间，地点，可罗列的数字明白无误，自然也少不了粉饰和抹煞。思想者不同，那是完全可以为社会所忽略的。所谓思想，虽然为权力者所嫉恨，可是，在未尝获得其物质力量以前，却随时可以自行亡失。一旦当它为人们所知晓，往往已经超离了自身，有赖于别的势力的传播了；但因此，也便往往改变了初衷，乃致弄得南其辕而北其辙。除却思想，思想者一无所能，所有的精神创造都形诸文字，便是明证。文字这东西是复义的，无论篡改，曲解，胡扯，做起来都极其方便。

2 预感的深渊

鲁迅同样不可避免如此的命运。他曾经慨叹说：

文人的遭殃，不在生前的被攻击和被冷落，一瞑之后，言行两亡，于是无聊之徒，谬托知己，是非蜂起，既以自炫，又以卖钱，连死尸也成了沽名获利之具，这倒是值得悲哀的。

于此可见，对于个人命运，他早就有着哲人的深渊般不祥的预感。

哲学的回顾

1　哲学何为

每个人都具有自己的哲学构成。要理解一个人，必须理解他的哲学。

然而，哲学何为？

哲学是一种气质，一种精神，一种生活方式，是带有个人特质的整个生命世界的显现。即使在古希腊，它也不是一种专门化的理论训练。由于它面对的不是事物，而是人所经验的事实，所以严格说起来算不上一门科学；只是因为胶结着丰富柔韧的人性，才成了科学的黏合剂。从语源方面推考，哲学是由爱（Philos）与智慧（Sophia）两部分合成的。可是我们看到，在层出不穷的各种哲学史著作中，爱，一种深入生命的热情被遗忘了，唯剩智慧在跛扈。

2　一部哲学史：爱与智的分裂

亚里士多德最先把哲学加以分类，并且将知识确定为“第一哲学”，以逻辑的界栅，守护形而上学的神圣性。爱琴海海面阳光灿烂，日神精神却是如此稀薄而冷冽。尼采甚至上溯苏格拉底和柏拉图，把他们看作“衰落的征兆”，称之为“伪希腊人”，“反希腊人”。柏拉图的影响是至深且巨的，他的袍角几乎遮没了所有哲学家的头额。这个古代文化的二重性人物，身上拥有理性的明朗与生命的神秘；可是，在他的哲学定义里，所谓“真实世界”却是纯粹的理念世界。

在东方，希伯来人创造了他们的上帝和基督教。令人奇异的是，处于不同的文化背景，竟以一种特殊的宗教形式重复了柏拉图主义：上帝是理念的人格化，理念世界的具象化便是天国。生命的渴求，在这里被异化为中世纪神学的恐怖的禁锢。

经过漫漫数百年黑暗，意大利文艺复兴的钟声响了。哲学解放拉开了它的序幕。一批被称作“巨人”的人，于是在教堂的壁画中袒呈被压抑已久的原始欲望，在圣经的脚注里记录地心说的谬误……思想的发展步履维艰。直到18世纪，随着法国启蒙哲学的兴起，随着培根的“新工具”以及系列科学的发现，神学的迷雾才得以渐渐廓清。不久，理性主义者变得踌躇满志起来。他们自以为掌握了通往真理的手段，把所有的经验事实上升为普遍的、永恒的、本质的东西，将哲学一步步导向科学主义。实证主义与分析哲学，便都是这一主干上的极其枯燥的枝杈。在理性权威下面，个性和心灵遭到漠视，人们再度被领回到柏拉图和经院哲学那里去。结果，兜了一个怪圈。

黑格尔酷似柏拉图，有人称他的哲学为“理性的神秘主义”。但是，在理性方面，他显然比柏拉图走得更远。德国古典哲学柱石峥嵘，他就在那上面建造自己的庞大的体系宫殿，雄心勃勃地试图把人类历史以及自然宇宙全部纳入其中。他的辩证法是有名的，实际上是理性的变戏法，目的在于维护现实的全部合理性。体系哲学的致命之处在于：任何真理，都仍旧无须穿透私人的存在而为自己所感知；真理是先验的，外在的，可垄断的。

历经千百年积聚形成，而由黑格尔发展到巅峰状态的其固无比的正统哲学观念，竟被一个体质孱弱的忧郁的丹麦人打破了！

3 根本性转折

克尔凯郭尔自称为“主体性的思想家”。是他最先把存在（Existence）一词，作为基本的哲学概念提了出来。他没有以冠冕堂皇的人类的名义，而是孤身一人，向黑格尔，众多的职业哲学家，向整个傲慢的形而上学传统挑战，称那些研究世界本源或者人的本质之类的哲学为“无用的哲学”。奥古斯丁的那种处于感觉水平的不安宁状态，被他分解为厌烦、绝望、焦虑等情绪，并且确定为不同的哲学范畴，分别描画出各个独特的存在对象。此前，还没有一个人像他那样重视激情的个人经验，重视“孤独个体”。他的所有著作，都在于说明：“一个人要寻找的不是普遍的真理，而是个人的真理。”为了揭示这一真理，叔本华首

让-保罗·萨特（Jean-Paul Sartre，1905—1980），法国哲学家、戏剧家和小说家。著有哲学著作《存在与虚无》，文学及戏剧作品《恶心》、《墙》、《苍蝇》、《肮脏的手》等。为1964年诺贝尔文学奖获得者，但拒绝接受。他是20世纪存在主义哲学思潮的代表人物之一，著名的“左倾”分子，一生厌恶权力，富于怀疑、批判和实践的精神。为此，西方有学者把他与鲁迅一起论列。

次赋予人的意志以纯粹的哲学形式，并极力加以强调。另一个德国人，从叔本华那里接过“意志”的概念，摒弃其中的悲观主义，而注入积极的人生内容。这个人就是尼采。

作为文化斗士，尼采显然要比克尔凯郭尔勇猛得多。他宣布“上帝死了”，攻击从上帝的意志和神学目的论引出其存在理由的先验道德，断言理性的最大原罪就是压制生命本能，提出“重新估量一切价值”的口号，从而把价值观转而建立在传统有神论以外的人性基础之上。他创造“强力意志”的概念，从内部策动既具有强制力量，又富于开放性质的情感生命，指向超越自身的所在。所谓“超人”，其意义正在于此。

此后德国的海德格尔、雅斯贝尔斯，法国的萨特、加缪等，也都以各自的探索，丰富了克尔凯郭尔、尼采的存在哲学。其中，萨特是最突出的。“存在先于本质”，是他的著名命题。他自称是行动主义者，他的哲学的最大特点就是强调人的选择的自由，即“自己造就自己的存在”。他把人不断投出自己，超越自己，而又始终处于超越的中心这样一种存在主义称之为人道主义，并主张以此补充马克思主义。与此同时，他提出“人学辩证法”，认为人除了以斗争反对自然和社会环境之外，还必须反对把自己变成他者的活动。即使在政治上表现得相当“左倾”的时候，他也未曾放弃他的哲学的个体性内容。他说：“人不是别的，人只是他自己使自己成为的那个东西。这就是存在主义的第一原理。”

至此，哲学观念出现了根本性的历史转折。哲学思考的重心，自黑格尔之后，明显地从宇宙本体论、认识论向人学偏移。哲学的解放与人的解放，在这里重叠为同一种命运。20世纪光初露，没有哪一个时代的生命意识与自我意识，像我们所处的时代这般强烈，这般急剧高涨！

阿尔贝·加缪(Albert Camus, 1913—1960),法国小说家,哲学家,存在主义思潮的代表者之一。早期为记者,二战时参加抵抗运动,在巴黎参与创办《战斗报》。一度到美国讲学,为“极权国家受难者援助委员会”创始者,解放勋章获得者,1957年度诺贝尔文学奖获得者。1960年1月死于车祸。著有小说《局外人》、《鼠疫》,哲学著作《西西弗斯神话》、《反抗者》等。他是从不逃避的战斗者,瑞典文学院颁奖时,称他是反专制作家中最投入的一位。他多年的朋友、后来成为论敌的萨特曾说他的魅力是源自“个人、行为、作品令人钦佩的结合”。加缪斗争的个人性与鲁迅颇相类似,他的《西西弗斯神话》与鲁迅的《过客》也有相当一致的地方。

4 存在主义:主体——当下——行动

20世纪初,当寥若晨星的存在主义哲学的先驱者在西方天幕上闪耀着孤光,青年鲁迅便目为“新神思宗”,为之鼓舞不已,积极加以绍介。

这些哲学家在思想上拒绝任何学派,在行动上拒绝任何宗派,完完全全是独立的个人,唯靠存在的热忱寻求自己内在的道路。在他们身上,也许有着无法索解的矛盾和紊乱,如以理性的方式反对理性,在否定本质的同时又保留了本质等等,而在彼此之间,意见也可以很不相同;但是,他们都无一例外地承认存在的首要地位。即使有着对逻辑概念的天生嗜好,只要当他把哲学思索投向生命个体,仍当随即引起智性的激动。

与传统形而上学相反,存在主义者把哲学的所有问题引向个人：个人选择，个人承担，它无须在经验之外乞求什么作为支柱的东西。如果为了维护传统惯例而以牺牲生命经验的任何部分作为代价，在他们看来，都应在抛弃之列。他们认为，哲学是生命的宣言，灵魂的自白。个人生命的强度与灵魂的深度，决定着哲学的根本性价值。

“存在主义者”作为一个名词，完全可以弃置不用或变换别的说法，但是，我们却无法改变这个瞩目的事实：他们以属于自己的生命和哲学，不约而同地汇成了现代历史潮流中的一个具有冲决力量的精神运动。今天，这个运动的核心内容，已为人类文明所广泛吸收，并且将血脉般地活在不断走向完善的人类自身之中！

鲁迅正是在这一世界性的现代思潮中创立他的哲学的。

人学：哲学与文学的通观

1　存在哲学的必然形态

现代哲学气质的改变，需要有新的表达方式。蒂利希曾经指出，对人的存在的表达方式是存在主义思想家的灾难。的确，这是一种考验。存在与体系是相互矛盾的，也就是说，它无法通过思想进行论证。新的方式应当成为存在者的外显，然而，这种方式或形式在哪里呢？

文学成了存在哲学的必然形态。

2 现象学与个人性

在这里，文学可以扩大为一种广义的理解：它是非逻辑，非体系的，以充满诗意和象征的语言结构，成为哲学释义学的东西。所以说存在哲学家，本来意义上的哲学家，是诗人哲学家，或是隐喻的思想家。

有谁可以说清楚：《奥义书》和《圣经》是哲学还是文学？奥勒留的《沉思录》和奥古斯丁的《忏悔录》算不算文学？汉诗《古诗十九首》和但丁的《神曲》，算不算哲学呢？哲学和文学所以难解难分，盖源于缠绕二者的共同主题：人的存在。胡塞尔说，本质即现象。传统形而上学的抽象本质无疑是虚幻之物，尘世中的生活现象才是唯一的真实。文学描写是现象学的。许多作家强调回忆是文学的起因，都因为其中有着纷纭的意象，也即现象的显示。而人作为主体，生命自身的神秘与热情的涌动，又成了抒情文学的源泉。无论哲学或文学，都同样以个人的介

尼采(Friedrich Nietzsche，1844—1900)，德国哲学家，唯意志论者，“超人”学说的宣扬者。生于农村的牧师家庭，就读到波恩大学和莱比锡大学，毕业后在大学任教，后因脑疾离职。主要著作有《查拉图斯特拉如是说》、《悲剧的诞生》、《道德谱系》、《强力意志》等。尼采思想在世界上产生长期的重大的影响，在我国五四时期，与易卜生成为一代知识者的新偶像。关于尼采，鲁迅在早期的论文中即热情地予以介绍，并给予高度评价，他把尼采同叔本华、克尔凯郭尔及施蒂纳等统称为“新神思宗”，以区别于黑格尔等人的旧学说，表现了他的现代意识。后来虽然也曾批判过尼采思想中的虚无主义倾向，但并未曾否定其中个人主义的核心价值。

入为基础；在个人的主观性上面，彼此达成了一种默契。

尼采对强力意志的核心的阐释是从“艺术家现象”开始的。他认为，艺术创造是强力意志真正可见的最了然的形式。这样，艺术就并非如黑格尔所称，只是把握世界的一种方式，而是生存本身。尼采说，“艺术家比迄今为止所有的哲学家更正确”，就是在这一意义上说的。

比较其他艺术，语言艺术的优越性在于具有相对确定的意义，所以也就自然成为哲学表达的基本形式。在法国启蒙运动时期，哲理小说盛行一时，不是没有原因的。自孟德斯鸠以《波斯人信札》打开了小说与哲学的通道，接着，伏尔泰写《老实人》，狄德罗写《拉摩的侄儿》，卢梭写《爱弥儿》、《忏悔录》，都竞相把小说作为工具，宣传自己的哲学。我们说文学是哲学释义学的，并不意味着可以忽视它的创始性；可是，除了卢梭，他们都带有哲学家的可笑的理性的自负，文学与哲学对于他们始终是二元的。波伏瓦说：“如果描述本质属于狭义的哲学，那么唯有小说，才能把处于完整的、独特的、短暂的现实之中的存在的原始涌现表现出来。”这种把文学同“存在”直接等同起来的一体化观点，唯有到了存在主义的一代，才有出现和被接受的可能。

3 哲学的文学

克尔凯郭尔十分重视文学虚构。他的著作，不是以虚构的方式描述个人的往事，就是在虚构的处境中作着焦灼不安的内心独白。《或此或彼》的头一部分，曾被公认为浪漫主义的一部杰作；在《恐惧与战栗》那里，他亲自加了一个副题“一首辩证法的抒情诗”。他是爱诗的，他的作品，充满着唯诗人才有的激情。桑德斯认为,叔本华具有一种新鲜生动的风格,而这种风格在任而国度的哲学著述中都极其少见,在德国则根本不可能。这里说的,就是文学风格。罗素说,叔本华的感召力向来很少在专门哲学家那里,而是在文艺家那里。他本人说得很明白:只有艺术才能获得真正的哲学。对于艺术,尼采更是无比狂热。他试图建立"艺术形而上学",以艺术反抗真理。他的大部分著作堪称卓越的文学作品。这些作品,全由不时中断的、跳跃的格言警句连缀而成;他以万物呈示给他的最敏捷又最单纯的表现法,呈现着自己的热烈而冷峭的诗意风格。海德格尔为语言所困惑,最终仍然走向诗。"创作诗与运思一样,以同一的方式面对同一的问题。"他说,诗和思,都是"在存在的田野中犁沟"。被称作"萨特时代的三名士":萨特、加缪、波伏瓦,都是左手写人所共称的哲学著作,右手写小说和戏剧的。然而,他们的哲学著作,跟纯粹的思辨哲学并不相同。它们根于对生活的各种体验和情感,许多哲学术语,如"墙"、"洞"、"黏滞的东西"等,都是自创的形象;虽或也有晦涩的时候,但是决不去咀嚼传统哲学的剩饭残渣。萨特表白说,写作是他的存在方式。其实,对所有存在主义者来说,不也同样如此吗?

真正的哲学家,哲学王国保留着他们的国籍,却找不着他们固定的居所。他们不管密涅瓦的猫头鹰是否起飞,就已经风尘仆仆地落在道路之中。他们踽踽前行,漂流四方,或是眷顾低回,来而复往。总之,脚下没有疆界——他们是自由公民。

4　文学的哲学

另有一批酷爱自由的存在者,他们从来未曾正式加入哲学王国的国籍，而国土却印遍了他们的足迹。他们不是古代史官或是行吟诗人的传人，不善于对周围物事作忠实冷静的记录，编造故事以娱人；也不是权门的清客或是象牙塔里的雅士的遗孤，没有卖弄文辞的恶习。文学之于他们，首先不是一种职业或身份，而是不能已于言的内在的生命欲求，犹如剧痛时的呻吟，愤怒时的嘶喊，惊喜时的赞叹，是对于某一莫名的神秘召唤的个人反响。陀思妥耶夫斯基、卡夫卡、鲁迅，都是这样的存在者。他们以丰富的生命内涵和独特的个人气质，创造着他们的文学的哲学。陀思妥耶夫斯基和卡夫卡，对存在哲学家的影响是巨大的。尼采承认，他对于陀思妥耶夫斯基的《地下室手记》的强烈共鸣，源出于一种“血统本能”。这种“血统”论，最清楚不过地表明了存在主义哲学与文学的亲缘性。

5　孤独的道路

在围绕“外圣内王”而展开的古典哲学传统中，在不是播种儒道的种子，就是移植西方体系哲学的根株这样一种完全失去原创意义的现代哲学氛围里，鲁迅孤独地走着自己的哲学道路。

在文学方面，他凭着孤绝的气质和战斗的热情，同样显示了作为伟大的异类的存在。然而，形而上学的哲学观念依然笼罩着我们；文学作为哲学外显的形式，迄今尚未引起人们的注意，更谈不上理解这一形式本身所包含的哲学内容了。长期以来，学者一流只是摘取他的一些警句，杂感中的一些现成的结论，仰望风向标喋喋不休而已。其实，思想只是冒出水面的有限的冰峰；我们迫切需要了解的，是没入海底的部分，以及环绕它浸润它的博大湛深的那一片汪洋。

存在：绝望的反抗

1　走向“边缘”

现在，我们可以回到鲁迅这里来了。

鲁迅的生命历程横跨两个世纪。他的社会—文学活动，主要在20世纪初叶；而他的哲学，在19世纪末，也即青年时代便已大体形成。

作为留学生的鲁迅，重要的事情在于吸收哲学知识和各方面的思想营养；但是，哲学中的生命本体的成分，却早经遗传，以及更早一个阶段的生活经验所奠定了。对他来说，个人经验是远比别人的材料更为重要的。其中，祖父下狱事件是一个带有决定性意义的事件。可以毫不夸张地说，这一事件，足够影响了他的整个一生。

在他13岁的那年，做京官的祖父周介孚以科场行贿罪，被皇帝钦判为“斩监候”——一种缓期执行的死刑。为了逃避株连，他不得不服从家人的布置，在乡下过了一段不算很短的流亡生涯。事情所以值得重视，首先因为它牵涉到了整个制度、官场，直至最高统治者；在这里，也就不难找到他毕生向权力挑战的最初始的动机了。乡间生活的体验，使他对周围人群分作“上等人”和“下等人”两大层次的阶级现象有所觉悟，即使后来他变换着使用了诸如“资产者”、“无产者”一类概念，对中国社会的二元对立结构的认识,基本上没有大的改变。以“下”为本位的道德原则,也正是在这一基础上得以确立的。沦为“乞食者”,他固然可以领受到穷苦的农人的同情,但同时又不能不感受到“看客”的凉薄,这样,对于下层社会,无形中造就了一种矛盾的、尴尬的心理。所谓“哀其不幸”,“怒其不争”,便是从此发展开去的一条线索。如果说,所有这一切,都是困于境遇的强迫性思考,那么事件的另一种反应,则促使他返回到生存本身。祖父的生命是随时可以宣告结束的,然而却又无法确知这个可怕的时刻的到来;至于株连,那结果的悲惨,更是想象所不能及的。他过早地被抛入到了无止境的恐惧、怀疑、忧烦、焦虑等等不安的情绪之中。他培养起了对周围世界的不信任态度。生命如此地值得珍惜,可是却又如此卑贱,如此脆弱,完全地无从把握。他被逼入一条狭窄的,然而又极为深邃的巷道,逼入生命的悬念以及对它的无限的追问之中。追问是没有回应的。无从诉说。他不得不退回内心。这种“内向的凝视”,是克尔凯郭尔式的;而心的反抗,从戏曲《无常》、《女吊》等文化触媒中发见的复仇的意志,又分明闪烁着尼采式的锋芒。

鲁迅关于生命存在的最先体验,在相隔多年以后,通过幻灯事件、婚姻事件和《新生》事件的联合反射而获得进一步的强化。当时,无论个人或民族,都被置于一种“边缘处境”;“新神思宗”存在主义,作为危机哲学被他“拿来”是必然的事情。但是,被侮辱被损害者的共同命运,又不能不使他同时倾慕于泛爱的托尔斯泰学说。这样,两种完全相悖的哲学,也即“托尼思想”,便以貌近传统的“中庸”,其实是反决定论的一种方式,统一于生命本体。他把自己的生命本体论表述为:“一要生存,二要温饱,三要发展。”还有一个补充说明,就是:“我之所谓生存,并不是苟活；所谓温饱，并不是奢侈；所谓发展，也不是放纵。”把“生存”同“温饱”联系起来，确立了鲁迅哲学的平民性品格。这里的“发展”，可以看作自由观的一种表达；他确认：任何自由，是必须建立在满足温饱的现实的基础之上的。这一基于现代中国人的生存条件，而对生命价值所作的规限与要求，既不同于以保存生命，其实是保全性命也即保全肉体为要义的中国古代道家学说，与立足于追求个人绝对自由的西方存在主义也有很大的距离。

2 境遇：墙与荒原

生存条件构成人的境遇。鲁迅的哲学，首先是从境遇问题开始的。

第一个白话小说《狂人日记》，便以奇诡的隐喻结构，对人的境遇作了提纲挈领式的说明。

诚然，生命是宝贵的，可是一旦进入“社会场”，就成了被漠视被迫害的对象。人的命运变得无从选择：一方面被吃，一方面吃人。如果说《兔和猫》、《鸭的喜剧》两个寓言体小说链条式地揭示出弱肉强食的生命现象，那么《狂人日记》则把强与弱、吃与被吃都集中到同一个人的身上，然后作螺旋式的展开。在狂人眼中，吃与被吃有各种人，各种花样；而自己，则因为20年前踹了一脚“古久先生的陈年流水簿子”，这与周围活着的人全然无关，竟也成了被吃的因由。吃人是有理论根据的，而且这理论，同吃人的历史一样古远。传统不断地生成现实，反过来，现实又不断地弥合传统。于是，“父子兄弟夫妇朋友师生仇敌和各不相识的人，都结成一伙，互相劝勉，互相牵掣”，“大家连络，布满了罗网”。整部历史，就是这样一部血淋淋的历史，充满着暴力、阴谋、疑虑、惊惧，以及各种变态。最可怕的是，狂人发现自己在“未必无意之中”也曾吃过妹子的几片肉！生活在一个“时时吃人的地方”，从而带上吃人的履历，这是万不可免的，不管自身如何清醒，乃至感觉着吃人的“惭愧”。

——没有吃过人的孩子，或者还有？

其实，狂人一开头便诉说着小孩子如何地向他瞪眼了。他明白：“这是他们娘老子教的！”在生命生成的初始阶段，就埋下了被戕害的祸根。这样，最后的庄严的呼喊——“救救孩子”——听来也就变得十分地空虚无力了。后来写作的另一个小说《长明灯》，结尾叙述小孩把疯子——另一个并非思想着而且行动着的狂人——放火的宣言随口编派成歌，儿戏般地到处传唱，正是对《狂人日记》关于人类未来的筹划所作的呼应。

说到个人的处境，鲁迅常常以“碰壁”为喻。墙，在他的哲学用语中，一者表明人是永远的孤身，不相关怀，不相沟通，如《故乡》中的“厚障壁”；二者表明某种被围困的状态，但又不见形影，如《“碰壁”之后》说的“鬼打墙”，也即所谓“无物之阵”；三者是没有出路的绝望的表示，如《〈呐喊〉自序》的著名的象征物：“铁屋子”。关于人的境遇的另一种隐喻是属于“荒原”的。由此衍生出的意象群，如“高丘”、“旷野”、“沙漠”等等，其实都一例地表达如他所说的“无从措手”、“无从把握”的失助感，如果说，墙使人从敌意的对象中反观自己，那么荒原则使人从空无的平面中直接感知此在。

总之，人的境遇是险恶的。对此承认与否，是萨特说的“自由选择”的开始；它关涉整个人生态度，确定了作为不同命运角色的最基本的特质。

3 自欺：境遇的逃避

否认境遇的"恶"，这叫自欺。自欺是对境遇的逃避。在鲁迅的哲学文本中，自欺有着三种主要的表现，即：遗忘、转移和超脱。

遗忘有两种，一种是普遍的健忘。鲁迅多次说过中国是最健忘的民族。在纪念辛亥革命而写的《头发的故事》中，所说便是"忘却"问题。三一八惨案后写作的系列文字，也曾不止一次地涉及造物主为"人类中的怯弱者"、"庸人"作的设想："以时间的流驶，来洗涤旧迹"，"用时间来冲淡苦痛和血痕。"关于柔石等共产青年之死，他有名文，题目就叫《为了忘却的纪念》。中国是有所谓"特别国情"的，忘却正是"祖传的宝贝"之一。鲁迅痛感中国人不问世事，缺乏理性，因此无法深刻感知"情境压力"，一切模模糊糊。

还有另一种遗忘，弗洛伊德叫"有动机的遗忘"。古人谓之"坐忘"、"浑沌"、"糊涂"，鲁迅则把自己所经验者叫"麻痹"。《春末闲谈》说一种细腰蜂，作为施行麻痹术的好手，其工作就是"在知觉神经中枢，加以完全的麻醉"。这种遗忘是更为可怕的，因为它是思想中枢的自行破坏。

关于自欺的最著名的例子，莫如阿Q式的"精神胜利法"。所谓精神上的胜利，当然是事实上的失败，只是不愿承认而已。《阿Q正传》中有两章专记阿Q这种"优胜"的行状，譬如自己穷落了，就说"先前阔"或者"儿子阔"；头上的癞疮疤是必须讳"光"讳"亮"甚至讳"灯""烛"的，他还有另外的报复取笑者的话，就是"你还不配"；被人打了，就以"总算被儿子打了"自慰，或者承认是“打虫豸”，以博取自轻自贱的“第一个”；失败之余，自己打自己的嘴巴，就“似乎打的是自己，被打的是别一个自己，不久也就仿佛是自己打了别个一般”；挨了假洋鬼子的哭丧棒，就迁怒于静修庵里的尼姑，等等。中国多隐士，除去“终南捷径”不说，如果意在现实的逃避，那么所作的便是地理环境的迁移。《采薇》写的求隐而不得的伯夷叔齐，就是这方面的例子。而阿Q始终没有逃出未庄以及那里的“一群鸟男女”，他的逃避只能是“逃名”。自大和卑怯是逃名的动机，逃避强者而制造弱者，逃避失败而制造胜利。这种假想中的对象的转移，其结果，一样是模糊境遇。

再就是所谓超脱，实质上是超现世，超时代。鲁迅在1928年与“革命文学家”者流的论辩，归结到哲学意义上，正是如何面对生存境遇问题所表现出来的歧异。如果说，遗忘和复古是从过去的维度抹杀现在，那么超脱则从未来的维度遗弃现在。境遇具有时间的规限性。它意味着，无论过去和未来，都必须通过现在来显示生存。鲁迅指出：“我看一切理想家，不是怀念‘过去’，就是希望‘将来’，而对于‘现在’这一个题目，都缴了白卷。”他确认：“现在的地上，应该是执著现在，执著地上的人们居住的。”他特别强调现实性，所以，才讨厌“真理”而反复使用“真实”一词；使用频率较高的，还有“正视”、“暴露”之类，形成一个词义群，相当于存在哲学家说的“去蔽”，坚定地指向一个“在场”。

但是，在鲁迅那里，奴才与奴隶是有着严格的区别的：奴才是“万劫不复”的，而奴隶则潜在着反抗的可能，奴隶根性是可以改造的。在文化性格上，两者具有一个共同的显著的特征：奴性。所谓奴性，即尼采所称的“奴隶道德”，是对于情境压力的遵从或依从。不逃避境遇，必须正视境遇，绝望于境遇。倘没有了绝望，改造也者，不过伟大的空话而已。

4 绝望

鲁迅对现存的世界是绝望的。

绝望乃包括对人类现状的险恶性的全部接受，以及对其本来意义上的非人性的根本拒绝。它以固有的诚实和勇气，表明个体存在对于处境的一种积极参与的态度，而与各式的失败主义无缘。

关于鲁迅的绝望与虚无的哲学，在《两地书》、《呐喊》、《彷徨》，尤其《野草》表现为多。他说："希望是附丽于存在的。有存在，便有希望。"希望往往被他当成为非存在非实有的东西，是"自己手制的偶像"而被彻底打掉了，于是"常觉得唯'黑暗与虚无'乃是'实有'"，只能作"绝望的抗战"。

在《明天》中，单四嫂子祈愿做梦而竟无梦。《药》里的夏瑜，为了他人的生存而捐弃生存，结果鲜血被做成"血馒头"。《风波》描述革命后静如止水的生活，所谓风波，不过偶尔的一搅动，随即平复如故。阿Q糊糊涂涂地造反不成，终于被拉去枪毙了；在连成一气的眼睛的包围中，他说的"过了二十年又是一个"，便成了极其辛酸的自我讥嘲。《孤独者》的连殳爱人，反而为人所共弃。《伤逝》寻找的是幸福，所得却是墓碑和无已的悔恨。《在酒楼上》写一种人生，也无非如蜂子或蝇子般地飞一个小圈子，便又回来停在原地点上。鲁迅大抵是通过如此种种带有悖论性质的故事和语言，去表现人间的绝望和恐怖的。《影的告别》说道："我不想跟随。"然而，独立的存在是不可能的，无论在天堂、地狱，还是将来的黄金世界。不是为黑暗所吞并，就是在光明中消失，结果纵使不愿彷徨于明暗之间也终至于彷徨于明暗之间。“我能献你甚么呢？无已，则仍是黑暗和虚空而已。”冰谷里的“死火”，即陷于进退失据的两难处境：走出冰谷就得烧完，留下又将冻灭。书页夹着的“腊叶”，只能在极短时中相对，不管颜色如何斑斓，也都无从存留。《复仇》里四面都是敌意，一如《求乞者》四面都是灰土、《颓败线的颤动》四面都是荒野一样。他的作品，也写“血的游戏”，但更多的是写“无血的大戮”，写普遍存在的“几乎无事的悲剧”。《希望》说本想用希望的盾，抗拒空虚中的暗夜的袭来；但是，当肉薄这暗夜时，面前又竟至于并且没有真的暗夜了。《墓碣文》阳面是：“……于浩歌狂热之际中寒；于天上看见深渊。于一切眼中看见无所有；于无所希望中得救……”阴面则是：“抉心自食，欲知本味。创痛酷烈，本味何能知？……痛定之后，徐徐食之。然其心已陈旧，本味又何由知？……”这是《狂人日记》的“吃人”之后的“吃自己”，这种吃法，是比“吃别人”和“别人吃”更为残酷的。境遇具有强度渗透性，无内无外，无始无终，所以，结尾有一句偈语云：“待我成尘时，你将见我的微笑！”

存在即绝望，绝望仍存在。在这里，绝望就是存在的勇气，是对于自我肯定的力量的体验，是相对于“奴隶道德”的“主人道德”。克尔凯郭尔把绝望分为两种，一是因不愿做他自己而绝望；二是因要做他自己而绝望。鲁迅的绝望，明显是“愿做自己的绝望”。这是一种特别的绝望。所以，克尔凯郭尔才说，“只有达到绝望的恐惧，才会发展人的最高力量”；雅斯贝斯才说：“谁以最大的悲观态度看待人的将来，谁倒是真正把改善人类前途的关键掌握在手里了”；连阿道尔诺也说，“除了绝望能拯救

弗朗茨·卡夫卡(Franz Kafka,1883—1924),奥地利作家。生于布拉格犹太中产阶级家庭。主要作品有长篇小说《审判》、《城堡》、《美国》,短篇小说《变形记》、《在流放地》、《地洞》等。他的小说多描写社会的异化现象,人的孤独、焦虑、不安全感和挫败感,预示一种极权主义。作为鲁迅的同时代人,作品中那种阴冷的、恐怖的、带有神秘气息的表现主义,与鲁迅的《狂人日记》及《野草》中一些篇章有相似之处。

我们外就毫无希望了"。

在揭示人的存在的有限性、虚无性、荒诞性方面,许多存在哲学家有着十分天才的表述,如克尔凯郭尔、陀思妥耶夫斯基、尼采、卡夫卡、海德格尔、加缪、萨特等人的著作。在他们中间,体验失败的方式很不相同,或者表示忍从,或者表示无奈,或者到上帝那里寻找抚慰,或者敌视愚众而一味高蹈,自然也有从观念到实践坚持作不懈的斗争者。情况表明,绝大多数的智者都在绝望面前裹足不前了。绝望是整个人格的一种表现。人要成为坚强不是容易的事情,谁也无法超出自身的存在。

存在主义者的终点,却成了鲁迅的起点。他有一个寓言剧《过客》,通过对白,集中表达了对于绝望与虚无的富于个人特色的选择。

剧中,过客如此描述所处的境遇:"回到那里去,就没一处没有名目,没一处没有地主,没一处没有驱逐和牢笼,没一处没有皮面的笑容,没一处没有眶外的眼泪。"于是拒绝,弃去,寻找出路,可是前去的地方竟是坟——真是无可逃于天地之间!存在注定是作一个"过客",既不知道从哪里来,也不知道到哪里去,只能不息地艰难地走在“似路非路”的路上。

路,是哲学家鲁迅经常使用的几个重要的意象–概念之一。

卡夫卡只有天堂,没有道路;鲁迅则只有道路,没有天堂。卡夫卡说:“我们谓之路者,乃踌躇而已。”鲁迅则说:“其实地上本没有路,走的人多了,也便成了路。”路可以代表根源,方向,界限,但更多的文本是用来象征过程的,内涵了环境与行为的现实性。既然走成了过客的唯一选择,路便从此缠绕他终生,一如缠绕拉奥孔的大毒蛇。加缪的《西西弗斯神话》,所写的被罚推石头上山的西西弗斯的境遇与此颇为相似。西西弗斯尚有下坡时候的松弛,而过客走在没有坡度的布满瓦砾和荆棘的道路之上,是毫无间歇的余裕的。自然,没有间歇是自讨的苦,因为没有神的降罚,不像西西弗斯,老是有一块大石头压着他。石头是一种实存,而召唤过客前行的声音却是虚幻之物,其实是自己内心的声音;也就是说,他的走纯然出于“内心的自主”。何况,西西弗斯还有诸神的赞赏与片刻的欢愉,正如他的影子唐璜、演员和征服者一样;过客从记得的时候起,就只是一个人,承担着全部的重负。过客说:“我只得走。憎恶他们,我不回转去!……我不愿看见他们心底的眼泪,不要他们为我的悲哀!……况且还有声音常在前面催促我,叫唤我,使我息不下。可恨的是我的脚早经走破了,有许多伤,流了许多血。因此,我的血不够了,我要喝些血。但血在哪里呢?可是我也不愿意喝无论谁的血。我只得喝些水,来补充我的血。一路上总有水,我倒也并不感到什么不足……”渴望苦难,奔赴苦难,原出于绝望的驱使,出于存在的沉思性焦虑,出于自赎的责任,如萨特在《词语》中所说的“深层的命令”。

在鲁迅的生命实践中，始终怀有一种崇高的使命感，履行一项道德行动的深沉的热情。他曾经以自嘲的语调说："好像全世界的苦恼，萃于一身，在替大众受罪似的。"20世纪初，当个性解放的波澜最先冲荡着历史的寂寞的河滩时，他便以父亲般的沉痛而有力的声音说道："……只能先从觉醒的人开始，各自解放了自己的孩子。自己背着因袭的重担，肩住了黑暗的闸门，放他们到宽阔光明的地方去；此后幸福的度日，合理的做人。"

5　憎：爱的反射

责任源自对生命的热爱。可是，在生命抵达另一个生命的途中，却横亘着绝望的境遇；于是爱，当我们发现它的时候，它已经处在某种不平衡状态，或是被破坏状态中了。也就是说，爱从一开始就表现为一个情势问题。只要我们说"爱"，就等于在说爱的变动，爱的受难，或是爱的拯救。爱，在这里根本不可能是抽象的，可简约的，永恒的观念存在，而是可感知的具体的道德事实。作为现实主义者的鲁迅，他不像其他作家那样津津于爱的说教；在他的哲学中，出现的多是爱的替身。而这替身，又恰恰是它的反面：憎。

境遇论也是一种方法论。对于人类和个人生存境遇的认知，为鲁迅培养出一种特定的状态——怀疑精神，一种极端的思维——否定思维，从而形成人所不及的深刻的片面。鲁迅式的思维方式，颇类波普尔的"证伪法"，阿道尔诺的"否定的辩证法"，但却分明带有战斗艺术家的情感的风暴与波涛，使我们随着富于个人笔调的形象语言，一下子脱离固定的思想而深入漩涡的底部，然后又迅速跃起，被推至波峰的顶端。他特意翻译了被他称作“坚定而热烈”的日本批评家片上伸的《“否定”的文学》一文，其中说：“否定是力”；“较之温暾的肯定，否定是远有着深刻而强的力”。鲁迅的否定思维是破坏性的，反妥协的，因而在爱、美、进步的面前也决不停止批判。他在《华盖集·忽然想到》中说，文章如果毫无偏颇，面面俱到，就成了“最无聊的东西”了，可以使自己变成无价值的。

早在留日时期，鲁迅曾经有过乌托邦式的“人国”的设想。关于人的定义，却一直缺乏正面的论述；即使有个别片段，也是“致人性于全”，“真的人”，“完全的人”之类，难免陷于空洞，正如过客所追随的声音，那是听不分明的。人的存在的这一本源性虚无，海德格尔称作“被抛状态”，萨特称“偶然性”，加缪则直呼为“荒诞”。人的本真的存在，只是未来的一种可能性而已。但是，鲁迅并不习惯虚玄的猜想；对他来说，直接否定现实中的种种非人性现象，便成了通往本真的人的唯一可靠的途径。如批判“合群的自大”，就是强调人的个体性；批判他人导向的“来了”，就是强调人的自主性；批判流言家、吃教者、做戏的虚无党的伪善与阴险，即在于发掘人的真诚，所需的信仰与操守；批判暴君及其臣民的强暴，还有看客的冷漠，实际上都是在呼唤爱与同情，如此等等。存在哲学家说：要成为你“所是”的人；鲁迅则说：不要成为你“所否”的人。“是”是未来的，不可知的，“否”才是现存的，确然的，可把握的。如果说，爱是“是”的守望者，那么憎恨便是“否”的引渡者和撞门人。

憎，无疑是对于境遇的绝望的产物。人类学家舍勒认为，爱不是一种反应行为，而是一种人格的自我行为，是一种面对情感变换或相反的状态而始终不变的放射。其实憎，也不仅仅是一种反应行为，它以变异的形式显示人格固有的力量，是爱的必然的“反射”。鲁迅指出：“人在天性上不能没有憎，而这憎，又或根于更广大的爱”；“爱憎不相离，不但不离而且相争”。明显地，憎和爱都是“生物学的真理”。但是，由于他更执著于人的存在的困境，所以在他那里，爱往往是存而不论的。他多次表示说：“能杀才能生，能憎才能爱。”在他的作品中，在许多这样类似顽童和泼皮口气的话，如：“我所憎恶的太多了，应该自己也得到憎恶，这才还有点像活在人间；如果收到的乃是相反的布施，于我倒是一个冷嘲，使我对于自己也要大加侮蔑。”在说到印刷《坟》的缘由时，说：“自然因为还有人要看，但尤其是因为又有人憎恶我的文章，说话说到有人厌恶，比起毫无动静来，还是一种幸福”；“苍蝇的飞鸣，是不知道人们在憎恶他的；我却明知道，然而只要能飞鸣就偏要飞鸣。我的可恶有时自己也觉得，即如我的戒酒，吃鱼肝油，以望延长我的生命，倒不尽是为了我的爱人，大大半乃是为了我的敌人”；又说，“我自己知道，我并不大度，那些东西因我的文字而呕吐，我也很高兴的。”有趣的是，“厌恶”和“苍蝇”的字眼，都是萨特著作的名目。他的遗嘱《死》，更是通篇燃烧着神圣的愤火的文字，其中说：“……欧洲人临死时，往往有一种仪式，是请别人宽恕，自己也宽恕了敌人。我的怨敌可谓多矣，倘有新式的人问起我来，怎么回答呢？我想了一想，决定的是：让他们怨恨去，我也一个都不宽恕。”他总是把憎置于首位，这是基于非常的人类情境的确认，是爱的憎。由于他所体验到的“恶”都来自上流社会，连同自己，一样置身其中，所以无论如何的憎，杀，都与所爱无关。所爱在童年，月光，土地，在底层的人们，那是他永远无法回归的“故园”，是人间的别一世界。

黑格尔在提出“生命”的概念的时候，主张用“爱”来统一

拜伦（George Gordon Byron，1788—1824），英国浪漫主义诗人。出生于没落贵族家庭，1809年结束剑桥大学的学习生活，出国旅行。通过演说、写作不断干预现实政治。在意大利，参加烧炭党人的革命活动，后运动失败，随即投入希腊解放运动，被授予总司令的称号。1824年4月，突然患病逝世。是日，被希腊独立战士宣布为“国哀日”。鲁迅在《摩罗诗力说》中，极力宣扬“立意在反抗、指归在动作”的摩罗（恶魔）精神。在列举的多位摩罗诗人中，拜伦居首位。

有限与无限，自我与世界，实现人类的相互承认。但是，同时又觉得爱在相互承认与自我实现过程中的无能为力。陀思妥耶夫斯基明确指出，黑格尔的“爱”是一种背叛。他在《作家日记》中写道：“我肯定，如果我们意识到，自己完全无力帮助受苦受难的人类或给他们带来任何裨益，而同时又完全确信人类在受苦受难时，这将使我们心目中对人类之爱变成对人类的仇恨。”鲁迅称他为“恶毒的天才”，虽然高度称许他描写的逼真与思想的深刻，却以其中的冷酷而使阅读几至于无法终卷。阿尔志跋绥夫笔下的绥惠略夫，敌视托尔斯泰的“善”，是一个绝望而充满恶性的破坏者。鲁迅称他“确乎显出尼采式的强者的色彩来”。何谓“尼采式的强者”？尼采宣称“爱的基础是两性间的不共戴天的怨恨”，认为对人们所作的“善良”、“仁慈”、“合群”等要求，“等于剥夺人类最伟大的性格”，“是颓废的结果，是柔弱的象征，是不适于一种高扬而肯定的生命的”。在尼采这里，强者的生命的高扬，显然是以对弱小的征服为前提的。而弱者，恰恰是鲁迅的关怀所在。所以,对于尼采思想,鲁迅在爱人的方面作了更多的保留,表现了憎与爱的内在的紧张。他曾经表白说,经过"聚而歼旃"的清党运动,加以被"挤"着读了一批社科类书籍,自行纠正了先前只信进化论的"偏颇"。这偏颇,除了青年优于老年,将来胜于现在者外,还应当包括以强凌弱,优胜劣汰的基本原则。

6 绝望的反抗

憎,这一与爱相生相克的激情,必然导致非平和的行为,导致对既成局面的反抗。由于人的境遇是绝望的,所以,反抗这境遇也就成了绝望的反抗。他在致赵其文的信中说:"我以为绝望而反抗者难,比因希望而战斗者更勇猛,更悲壮。"绝望的反抗,乃从自身存在的本然处境出发,而结果也并不能消除处境的荒诞性和悲剧性,但可以在确信命运之无可避免、无可改变、无可挽回的情况下,不作屈服的表示。唯有这时候,作为实有而显现的"绝望"才成了虚妄,因为通过这一富于勇气的选择,一个人被赋予了存在的本质的庄严。

辛亥革命前夕,青年鲁迅就在《摩罗诗力说》、《文化偏至论》等文章中叫喊不平和反抗,猛烈抨击中国式的社会理想:"不撄"。反抗,不是"乱"和"犯","闹点小乱子",不是"彼可取而代之",而是彻底的反叛。对于鲁迅和他的哲学,用"反抗"来代替一贯袭用的"斗争"一词,无疑是更为恰切的。斗争,显得太笼统,容易被理解为势均力敌的较量,甚或自上而下的诛杀;而且,斗争一般地说具有明确的目标导向,而反抗则指向现存的否定,强调当下的瞬间性,由于体现了一种虚无感而带上彻底的明了性。反抗显示,斗争双方的位置与实力是不对等的。反抗意味着在上下、大小两极对立的境地中,始终以下和小为本位,永不放弃对抗。由于下和小所承受的处境压力是先定的,因此,被迫而作的对抗一开始便具有了报复的性质。正因为这样,鲁迅也就常常把反抗称作“复仇”。

反抗是鲁迅哲学的核心概念。可以说,鲁迅哲学就是反抗哲学。反抗把实在世界与精神自我,存在境遇与个人行为,自由选择与命运归宿连结起来,充分体现了鲁迅哲学的自为性。

7　反抗的个人性

生命的个体性质,注定反抗只能是个人的反抗。在鲁迅哲学中,固然没有上帝,没有天启;但也没有导师,没有圣谕。西方的存在哲学家如克尔凯郭尔等关注的是内心的秘密,而鲁迅,重视的是行为与内心的一致性,也即自主性。他的关于个人化的思想来源有两个方面:一是尼采,一是施蒂纳。尼采偏重文化思想,施蒂纳偏重政治思想。在著名的《唯一者及其所有物》中,施蒂纳倡导无政府主义,强调以个人自由代替社会制约的重要性。从辛亥革命到五四运动前后,无政府主义思想在中国空前活跃,尼采、易卜生等个人主义思想家也都一度成为知识界的精神领袖。但是,无论作为政治运动或是文化运动中的权威人物,都恰好在他们的职业宣传中放弃了这一时代现象背后的现代意识——个性解放。唯鲁迅执著于自己的哲学信仰,提出并坚持了“思想革命”的口号。所谓思想革命,其实是个体革命。它的含义是:任何革命,只有通过参与者的思想自觉,才能有效地进行;否则,不会给个人历史性的具体存在带来裨益。鲁迅对阿Q及“阿Q党”的造反的描叙，十分清楚地表明了他的革命观。他多次比较佛教中的大小乘教，总是扬小乘而抑大乘，实质上是强调思想行为的个体性。集体与个人，平等与自由，本是密切相连的一组哲学范畴；由于思考重心的转移，在鲁迅的文本中，前后有着极其微妙的变化。但是，看重个体生命是一以贯之的。鲁迅终其一生，不愿加入任何党团，理由是：团体“一定有范围”，且得“服从公决”，所以他说，“只要自己决定，如要思想自由，特立独行，便不相宜。”即使后来加入一些组织，也是纪律并不严密的，可以容许他最大限度地保持自己的独立性和自主权，而不至于仅仅成为“整体的一部分”，甚至在“拘束性的祭坛”上被谋杀。联名发布政治宣言之类，也并非服从来自外部的意志的驱使，而是出于个人的道德责任。他曾经表白说，在他身上，有着“‘人道主义’与‘个人的无治主义’的两种思想的消长起伏”。在这两者之间，他又明确说道：“我是大概以自己为主的。”

在反抗的个人面前，是不存在偶像的。反叛者是天生的“破坏偶像者”。所谓偶像，既可以是权威人物，但也可以包括制度、机构、观念，各种阻碍人类进步的庞然大物。爱德华·希尔斯阐释的“卡里斯玛”一语，庶几近之。它与“终极的”、“根本的”、“主宰一切的”权力有关，因而具有神圣性质，成为统治社会的信仰、价值和秩序的象征。由于个人是历史和人类全体必须通过的范畴，所以偶像是反个人的。破坏偶像及其神殿，就意味着回到个人那里去。

作为政治偶像，在鲁迅的文本中出现最多的是“权力者”，还有“僵尸政治”、“官僚主义”等等。他对权力者及其整个的上层建筑的抨击是不遗余力的，甚至对权力本身，也都怀有一种不信任感。当他直面惨淡的人生而追问“谁之罪”时，权力便以它无所不至的独尊地位，成了罪恶的根源。正是对于权力者的神圣的憎，使他个人同众多的被压迫者休戚相关，奠定了他的人道主义的基础。不同于“古风式的人道主义”的是，他反对存在着一种普遍的道德原则，指出：压迫者指为被压迫者的“不德”，对于同类是“恶”，但对于压迫者却是“道德”的。中国的权力中心社会，不能不给他的哲学涂上现实政治的浓厚色彩，而有别于把个人视为自足的社会原子，独立于社会的封闭体系的西方哲学。在他的哲学中，个人永远向着一个“共在”——广大的被压迫者敞开。

在后来的西方存在哲学家当中，在对待个人的反抗问题上，同鲁迅较为接近的有两位：加缪和萨特。

加缪广泛地批判了克尔凯郭尔、胡塞尔、海德格尔、雅斯贝尔斯、舍斯托夫等一批以同样的焦虑为后盾、从相同的混乱中出发的哲学家，指出他们关于神的存在、经验本质、生命的超人意义，以及把荒谬永恒化的主张，是对现实世界的逃避，是“哲学性的自杀”。他认为：反抗是一种“奇特的爱的方式”，是“生活动态本身”，否定它就等于放弃了生活。可是，他又反对在“爱的位置上放下恨”，认为反抗是有教养的人的行为，需要的是“适度”，而适度是合乎地中海世界的传统的，因而反对暴力，反对革命。他的《战斗报》战友布尔戴这样说他：“一方面渴望行动，另一方面又拒绝行动。”这种不彻底性，使他最终仍然无法逃脱“自杀”的结局。而在鲁迅看来，暴力革命乃是憎的必然形式，虽然他对这一形式被滥用的可能性同样存有戒心，如对创造社的“革命文学家”和“左联”的“四条汉子”的保留态度所反映的；但由于他并不像加缪那样把革命看成是一次性的、终极的行动，所以在主张思想革命的同时，热情呼唤“火与剑”的到来。

可以认为,正是对人类面临异化的历史处境的合理分析,以及对阶级斗争包括暴力革命在内的积极主张,使他赞同于马克思主义理论。关于暴力与人道主义的深层联系,另一位存在哲学家梅洛·庞蒂在《人道主义与恐怖》中有着很出色的表述。他说:"我们不要别人尊我们为优美的灵魂。可供我们选择的,不是善良和暴力,而是要在暴力中选择一种";"革命暴力之所以可取,因为它有着人道主义的前途。"这一观点,显然是与鲁迅更为接近的。从理论到实践,萨特一生都在变化着自己,我们可以通过他的"选择即自由"的命题来看待他对反抗的态度。萨特认为,人始终是自由的。自由并非意味着人们可以在实践中达到什么目的,它只是与自我的本质的否定性有关,意味着选择的自主。在对现实斗争的自觉参与,以及对责任的主动承担方面,萨特与鲁迅颇相一致。但是,萨特的自由观,明显地倾向于主体的随意性与未来的可能性。而鲁迅,未来对于他只是现实反射出来的某种思想背景,他总是执著于现实本身;在反抗现存世界的时候,又总是执著于这一世界得以维持的各种条件的连续性、共生性和稳定性,从而杜绝了因为自由的选择而逃避现实的可能。萨特的一代,是在与理性主义的对抗中生长起来的;鲁迅则在接受存在主义先驱者的同时,积极吸收启蒙哲学的理性营养以及马克思主义关于社会革命的理论,其中主要表现在对所依赖的生存环境的认识上面。作为一个中国人,鲁迅彻骨地感觉着生存的不自由。他深知,个人与社会是无法分割的;所以从不选择"彻底",而甘愿保留生命哲学内部的矛盾与暧昧,并承受其中的苦痛。

鲁迅把中国社会称作"老社会",其实,整个人类社会都是老社会。不同的历史时代的恶,作为文化基因,遗传给了围绕个人而存在的现今的人们。克尔凯郭尔用“群众”，海德格尔用“人们”，都只是就人的本然处境而言，表达着如萨特说的“他人即地狱”的意思。鲁迅大量使用“看客”的概念，则把西方哲学家的这样一层命意，投放到现实层面的人际关系之中。

看客就是社会偶像。它以麻木、冷漠和赏玩别人苦痛的残酷，像散播病菌一样，毒化着众多的灵魂。鲁迅在《孔乙己》、《药》、《阿Q正传》、《示众》、《采薇》、《铸剑》、《复仇》等许多篇章里，对此都有着触目惊心的描写。他的杂感和通信，也都不止一次地慨叹灵魂的不能相通。交往是人的自身存在的最本质的规定之一。鲁迅说：“人类最好是彼此不隔膜，相关心。”他认为文艺是沟通人类的最平正的道路，所以一生致力于这种沟通的工作。

8 孤独

与此相关的是孤独问题。

克尔凯郭尔十分注重“孤独个体”，以为对于一个具有思想家立场的人，孤独是“一件决定的事”。许多存在哲学家，都把孤独当成为人类最基本的存在状态。克尔凯郭尔自称“像是一棵孤立的枞树，私自地自我锁闭，指向天空，不投一丝阴影”；尼采也自比植于绝望而悬视深渊的一棵枞树。无独有偶，鲁迅描画过以铁似的枝干直刺天空的枣树，还多次书写过前人“风号大树中天立”的诗句，显然也是以孤树自况。一部《野草》，有着不少关于孤独个体的冷峻而阴郁的内容。无庸讳言，鲁迅在对待群体存在与个体存在问题上有着矛盾、冲突、坼裂的情况，他曾多次表述过寂寞感、孤独感，以至“自轻自贱”的多余感，表述过极端“黑暗”的内心体验；但是即使被论客称作“彷徨时期”的时期也都非常短暂，内心的阴云，最终仍为意志所驱散，或为理性所照亮，从而显出“强者的孤独”来。

他说：“我喜欢寂寞，又憎恶寂寞。”孤独对于他，虽然有着源于生命本体的自我眷注的凄怆，但是，更多的是共生欲求遭到拒绝的一种焦虑。个体本体论一方面使他自知孤独所由产生的必然性，更重要的方面，是穿透这合理性而作的勇猛悲壮的抗争。何况如他所说，他为自己和为别人的设想是两样的，因此所说与所想不免出现两歧，体现在文本上，便多是灵魂的亮面和战斗的热意，如《过客》、《雪》、《颓败线的颤动》、《战士和苍蝇》、《长明灯》、《奔月》等。悲凉如《孤独者》，也都深藏着向社会的恶意作战的战士的孤愤的。

易卜生的剧本《国民公敌》有一句名言，这是鲁迅喜欢引用的：“我告诉你们，是这个——世界上最强壮有力的人，就是那孤立的人。”

作为思想偶像，特殊知识阶级也是鲁迅攻击的主要目标。在他看来，知识阶级可分真假两种，倘使知识而导致人格异化，压抑生命，窒息热情，那是要灭亡的。他对“学者”、“教授”一类字眼没有好感，最偏激的例子是《青年必读书》，其中主张少看或者不看中国书，理由是：中国书使人“与实人生离开”，而“现在的青年最要紧的是‘行’，不是‘言’。”“行”，就是《过客》中的“走”，是实践，是实地的反抗。

鲁迅是本阶级的“逆子”，社会的“叛徒”，知识者的“异类”，但同时也是自己的反对者。

海德格尔在阐明“本己的有罪”时，提出领会良心的呼声就是使此在把自身筹划到本己的有罪即本己的分内之事中去，使此在意识到自己在根本上对自己的行为是负有责任的。然而，这位睿智而谨严的学者，在第二次大战中居然对良心的呼声置若罔闻，成为法西斯大棒底下的变节者。所以说，要同孤独的自我作战，在某种意义上要比对抗庞大的“溶合集体”困难得多。

在《坟》的后记里，鲁迅宣称：“我的确时时解剖别人，然而更多的是无情面地解剖我自己。”谈到翻译时，还曾借用普罗米修斯的神话典故，说是盗取天火来“煮自己的肉”。他深刻地领会到人与环境的互渗性，作为社会自我，内在的精神世界是无法抵御外部社会的侵袭的，这样，便有必要在自己的身上开辟第二壕堑，以作直接对抗社会的一个补充或延续。对内在自我来说，所谓“解剖”也不同于传统的“内省”，因为没有任何的圣贤之道可供参照。不同于那类萎缩型人格者，他的解剖是严酷的，痛苦的，但也不无沉浸于生命的飞扬的极致的大欢喜。在他的文本中，自我解剖随处可见，乃及于小说。《故乡》、《一件小事》、《祝福》、《在酒楼上》、《孤独者》、《伤逝》等篇，都有着内心的独白，记录着他的心路历程。在他看来，自我不是既成的，固定的。它不是一个被给予的现实，而是一个寻找中的现实，存在于自我确认与自我否定之间的不断生成的过程中。

真正具有现代感的人，只能是反抗现世连同反抗自己的人。

9　韧

《史记》里的话：“天下共苦战斗不休”，于是成了反抗者的宿命。由于异己力量千百倍大于个人，如果个人不能充分利用有限的生命时间，最大限度地提高生命质量，便不足以形成有效的抵抗。鲁迅的“韧战”观念，就是从对立的两面众寡强弱其势悬殊的基础上形成的。

所谓韧战，相当于美国心理学家沙利尔说的“自我系统”的两种形式之一的“持久的形式”。韧战，被鲁迅当作一个生存概念提了出来，具有独创的性质。它是在空间和时间上有着某种规范的人生大战略，但同时，也包括了策略性技术性方面的内容。他主张散兵战，壕堑战，持久战，把自己的战斗称作“钻网”，“带着枷锁的跳舞”，或是“带了镣铐的进军”；总的意向，大有似《老子》说的“柔弱胜刚强”。谈到小说《出关》，他这样表示孔老相争，孔胜老败的意见：“老，是尚柔的；儒者，柔也，孔也尚柔，但孔以柔进取，而老却以柔退走。这关键，即在孔子为‘知其不可为而为之’的事无大小，均不放松的实行者，老则是‘无为而无不为’的一事不做，徒作大言的空谈家。”他的反抗哲学，无疑融进了传统哲学中的“柔”。柔者，韧也。但是，不同于孔子的“上朝廷”与老子的“走流沙”，现代的思想战士，坚定地独立于旷野和荒漠之上，“不克厥敌，战则不止”。道路是很两样的。

鲁迅的反抗是韧的反抗。不同于他译的日人青野季吉所称的“无聊的心境的换气法”，韧是理性明彻的照耀，是信仰的坚持，是意志自身的活动，是生命之流的无止息的绵延。正如所写的“这样的战士”，毫无乞灵于牛皮和废铁的甲胄，“他只有自己”，拿着蛮人所用的投枪，在无物之阵中战斗，老衰，寿终。

10　死

存在主义者总是把人的生命引向死亡。海德格尔即把人称作“向死的存在”，强调死亡作为此在的终结对存在者的在的意义。从死亡这一未来发生的事实出发，回溯过去而主动地投身现在，积极地筹划现在，这种人生态度，海德格尔称为“先行到死”。正因为有了死的自觉，一个人才可能战胜人生的有限性也即必死性的束缚，而获得本真的自我，整体的在，真正意义上的独立和自由。

在中国传统哲学中，无论儒还是道都说到“命限”，重视存在的有限性。儒家要人承认这个“命”，包括“命”中被赋予的历史条件，从而努力在限制中彰显生命的意义。“人固有一死”，死是一种限制，但是可以反过来使它变得很庄严，很恒定，很有分量。这样，就并不是“命”限制了我，而是我立“命”以价值意义。古代有两个具有哲人气质的诗人，一个是屈原，一个是曹操，他们都抱着儒家一贯的积极用世的态度，所以诗中一样渗透着浓厚的生命意识。恰恰，两个人的诗都是鲁迅所喜欢的。他多次引用《离骚》如“恐美人之迟暮”、“哀众芳之芜秽”这样一类具有死亡情结的句子；在《坟》的后记里，鲁迅特意摘录了陆机的吊曹操文，此外对曹操《遗令》中的“大恋”还曾作过阐述。唯有真正热爱生命的人，才会如此凝视死亡。然而，屈原在自沉之前，却把整个有为的生命系于君王一身，实质上无视本己的存在；曹操否定现在而肯定过去，心态是保守的。既然鲁迅认生命为自己个人所有，所以，他可以无顾忌地反抗过去和现存。

“我只很确切地知道一个终点，就是：坟。”面对已逝的生命，鲁迅的心情是复杂的。在《死》一文中，他称自己为死的“随便党”，《答有恒先生》谓是“看时光不大重要，有时往往将它当作儿戏”；有时却又告诉朋友曰“大吃鱼肝油”，以致益寿延年云。《〈呐喊〉自序》称生命“暗暗的消去”是自己“唯一的愿望”，而在《三闲集》中，又说“世界决不和我同死，希望是在于将来的”。为了这将来，“路上有深渊，便用那个死填平了，让他们走去”。他有这样一段自白说：“所以我忽而爱人，忽而憎人；做事的时候，有时确为别人，有时却为自己玩玩，有时则竟因为希望生命从速消磨，所以故意拼命的做。”无论他自称其中如何含有许多矛盾，要点在于“从速消磨”——“拼命的做”。“做”就是反抗的工作，在反抗中表达一种牺牲。他笔下的死火，在冰谷中面临生存的两难：“冻灭”还是“烧完”？而最终，毕竟选择了后者。正如《〈野〉题辞》所说：“过去的生命已经死亡。我对于这死亡有大欢喜，因为我借此知道它曾经存活。”由死亡而反省生存的意义，这意义，不在于生命的毫无毁损的保存，而在于“有一分热，发一分光”的充分的燃烧！

由于生命是本己的，牺牲就必须是自愿的牺牲。鲁迅在《〈阿Q正传〉的成因》中以疲牛自况，说是“废物何妨利用”，接着作了如下的保留：“但倘若用得我太苦，是不行的，我还要自己觅草吃，要喘气的工夫；要专指我为某家的牛，将我关在他的牛牢内，也不行的，我有时也许还要给别家挨几转磨。如果连肉都要出卖，那自然更不行，……倘遇到上述的三不行，我就跑，或者索性躺在荒山里。”他极力维护个体生存的权利，这一权利是无可让度的；无论以何等冠冕堂皇的名义来剥夺个人，都必然为他所反对。在自己的营垒内部，只要觉得“有一个工头在背后用鞭子打”，仍旧不堪忍受而反抗，原因盖出于此。

11　中间物

死亡不仅仅限于某一瞬刻，从存在物的消亡这一意义上

比亚兹莱作《莎乐美》插图。比亚兹莱(Aubrey Beardsley,1872—1898),英国唯美主义插图画家。1894年为王尔德《莎乐美》作插图,在全国引起轰动。画风精致巧丽,不无色情、病态和恐怖成分,富于装饰性和韵律感,极有创意。鲁迅十分欣赏,说"我是爱看的";并认为,"比亚兹莱是个讽刺家",只描写地狱而不显示天堂,又说作为一个纯粹的装饰艺术家,"比亚兹莱是无匹的"。

说,它贯穿了人生的整个过程。人作为时间性的存在,在鲁迅这里,也即向"坟"的存在。在《写在〈坟〉后面》中,他明确地提出一个"中间物"思想,说:"以为一切事物,在转变中,是总有多少中间物的,动植之间,无脊椎和脊椎动物之间,都有中间物;或者简直可以说,在进化的链子上,一切都是中间物。"在致唐英伟的信中,又把这一思想扩及于人的精神创造物,诸如木刻艺术等,说:"人是进化的长索子上的一个环,木刻和其他的艺术也一样,它在这长路上尽着环子的任务,助成奋斗,向上,美化的诸种行动。至于木刻,人生,宇宙的最后究竟怎样呢,现在还没有人能够答覆。也许永久,也许灭亡。但我们不能因为也许灭亡,就不做,正如我们知道人的本身一定要死,却还要吃饭也。"

中间物是鲁迅反抗哲学中的一个核心概念。它直接导源于达尔文的进化论,但是又不囿于科学方法论,而是掺合了或一种价值观念在内,蕴含着丰富的人性内容和社会内容。然而,它又是反对终极价值论的,有关事物的思考完全被它吸收到现实发展的过程中去。说到自身的战斗，他说：“只觉得这样和他扭打下去就是了，没有去想过扭打到哪一天为止的问题。”他关注的只是“扭打”本身。可以说，中间物是绝望的反抗的一个哲学凝聚点。它表明：对于现存在的人而言，未来的死亡是无法感知的；重要的是，这一事态已经和正在发生。《一觉》里说到此在的“我”，“宛然目睹了‘死亡’的袭来，但同时也深切地感觉到‘生’的存在。”以死确证生，生在死中间。所谓“中间物”，即处于方死方生的状态，它使人从对“死”的正视中间主动承担“生”的责任。荣格认为：“一位地地道道被我们称为现代人者是孤独的。他是唯一具有今日知觉的人，今日介于昨日和明日之间，是过去和未来的桥梁，除此之外，别无他义。现在仍代表着一个过渡的程序，而唯有意识到此点的人才能自称为现代人。”这里说的“具有今日知觉”，正是鲁迅所称的中间物意识。

从形式上看，中间物是进化链条上的无数相同的环节，颇类《周易》的循环往复，或如尼采的“永恒重现”的观念所言明的；但是，在本体论的意义上，它显示了雅斯贝斯说的“历史一次性”。《坟》最后说：“总之，逝去，逝去，一切一切，和光阴一同早逝去，在逝去，要逝去了。”存在是指向死的，

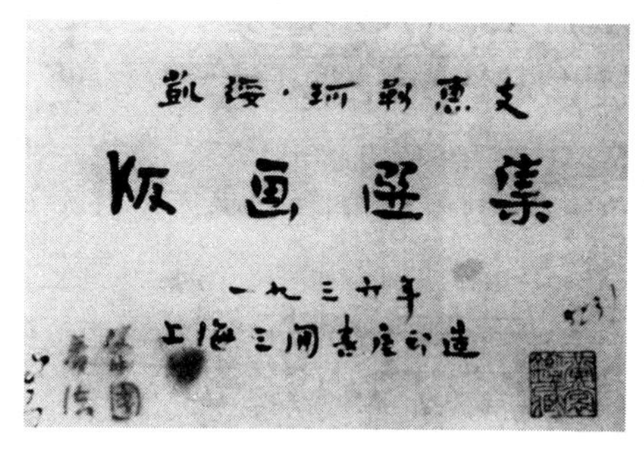

鲁迅设计绘制的《凯绥·珂勒惠支版画选集》发行广告。珂勒惠支（Kathe Kollwitz, 1867—1945）原名凯绥·施密特，德国女版画家，作品多反映被压迫者的贫困、饥饿、疾病、痛苦、死亡、挣扎、呼号的联合斗争。希特勒上台后，被剥夺出版和展览作品的自由。鲁迅对她的版画激赏有加，作文给予高度评价，并以多种渠道介绍给我国版画界和文艺界。

任何的行动都是指向死的。生命的部分消亡就是自我的逐步实现，作为现存在，为了充分实现自我，就又必得努力促成自己的消亡。中间物本身是一种规定，它以牺牲自我、毁灭自我来体现一种“历史的必然要求”。这是极其悲壮的。

鲁迅不相信永恒，当然无须追求“不朽”。他明白说道：“无所谓不朽，不朽又干吗，这是现代人大抵知道的。”正因为这样，他也就把自己的作品比作不祥的枭鸣，诅咒它的灭亡，甚至祝祷它速朽。

12　身内与身外

然而，鲁迅虽然极力使自己的生命从速消磨，却十分珍惜自身以外的生命。就像他说的，“自己活着的人没有劝别人去死的权利”。但是，病死多少在他是并不以为不幸的。他说：“我是诅咒‘人间苦’而不嫌恶‘死’的，因为‘苦’可以设法减轻，而‘死’是必然的事，虽曰‘尽头’，也不足悲哀。”既然死是不可避免的，那么，问题就必须回到具体的如何死法上面来。

鲁迅的思路，集中对非自然死亡的追问。所谓非自然死亡，一者为自杀，一者为他杀。自杀如范爱农，死于穷困；如阮玲玉，死于人言。他杀如秋瑾，如刘和珍，如柔石，全都死于权力者的暴杀和虐杀。在鲁迅作品中，其实，像孔乙己、祥林嫂、子君、连殳等，在作者一面也都并不认作是自然死亡的。对于非自然死亡，他强调牺牲的可避免性。关于“三一八惨案”的一组文字，他固然愤慨于政府当局的凶残，走狗文人的阴险，但对“群众领袖”以请愿为有用，虚掷战士的生命，也都表示了异议。他特别反对虐杀，对于“暗暗的死”，是曾经多次加以暴露的。可悲者还不在于自杀和他杀本身，而是目睹了死亡事件而不觉死尸的沉重，甚至赏玩，甚至笑谈！

“我们穷人唯一的资本就是生命。以生命来投资，为社会做一点事，总得多赚一点利才好；以生命来做利息小的牺牲，是不值得的。”这是鲁迅的一贯主张。生存就是做事，生存而不做事就是苟活，另一种无益的牺牲。他从来认为，在获得生存的基本条件之后，生命是应当有所发展的。因此，在他的生死观中，还有一种悲剧类型就是：“几乎无事的悲剧”。

鲁迅说：“‘死’是世界上最出众的拳师，死亡是现社会最动人的悲剧。”的确，如同他所憎恶的传统社会的一切，死亡于他也是巨大的魅惑。他大量描写了人间至爱者，亲人，朋友，相识和不相识的青年为死亡所捕获的情形。丧仪、坟墓、死刑，还有阴间的鬼魂，各种死亡的阴影爬满了他的著作。正如夏济安所说，他成了“一个善于描写死的丑恶的能手”。在这里，死亡已经不是纯粹的形而上问题，而是政治问题、社会问题、人生实践中的哲学问题了。死同生一样，问题的起始与终结，都紧紧环绕在生存境遇的思考上面，而一再激起心的反抗。

现实主义－表现主义

1　文学与哲学的一致性

鲁迅的哲学，是通过满布形象与意象的文学语言来表达的。文学不是哲学之外的无碍的附属物，它是哲学的形式，也是哲学的内容。哲学与文学，亦此亦彼，难舍难分，共同构成鲁迅作为一个特异个体的存在。

存在就是绝望的反抗。鲁迅是主张“艺术为人生”的。既然人生是黑暗的、苦痛的，因而也是挣扎和抗争的，那么，文学也必须担负反抗的使命。在一次讲演中，鲁迅批评“为艺术而艺术”派说：“这一派在五四运动时代，确是革命的，因为当时是向‘文以载道’说进攻的，但是现在却连反抗性都没有了。不但没有反抗性，而且压制新文学的发生。对社会不敢批评，也不能反抗，若反抗，便说对不起艺术。故也变成帮忙柏勒思(Plus)帮闲。”他十分重视反抗性，甚至把它看作文学批评的基本标准。从文学的视角看，鲁迅个体作为结构性生成，可以有三大层面：其一是《野草》和旧体诗，还有部分书信，裸呈着一个深沉的、隐秘的、暧昧的、矛盾的、骚动不宁的灵魂。其二是小说，在这一层面中，感情和思绪追寻着绝望所由产生的根源，抒情方式转化为叙述方式，主体与客体，生命现象与社会现象，虚幻与真实得以同时显现。三是被称作“杂感”的文字，它们经由情感的长期的铸炼与磨砺而被赋予明朗、锋锐的性质，直奔斗争的目标。杂感是人格的显面，它们以引人瞩目的评论性、独断性、反抗性，成为世所公认的时代风骨的象征。

2 反对“文以载道”与“为艺术而艺术”

鲁迅反对“文以载道”，及至后来的“文学即宣传”一说，实质上仍是“文以载道”的遗传，要害是脱离文学本体。“为艺术而艺术”论相反，极力使文学遗弃社会而返回自身，但也同样受到他的凌厉的攻击。无论非艺术与纯艺术，在他看来，都远离了个人直接经验的实在，远离了生存。

朱光潜推崇“静穆”，鲁迅讥为“抚慰劳人的圣药”，分析说：“徘徊于有无生灭之间的文人，对于人生，既惮扰攘，又怕离去，懒于求生，又不乐死，实有太板，寂绝又太空，疲倦得要休息，而休息又太凄凉，所以又必须有一种抚慰。”静穆是古典的，全无挑战反抗之意，却有“死似的镇静”。林语堂提倡幽默，所要是明人的名士气，外加英国的绅士风度，努力“从血泊里寻出闲适来”，一样是客厅里的美学。鲁迅所以力主讽刺而非幽默者，要而言之，乃因为讽刺多出一份反抗的热情；它针对的对象，是危及生存的极其有害的事物。

3 现实主义：有限性，当下性，真实性

鲁迅是一个清醒的现实主义者。《论睁了眼看》，可以说是他的一篇现实主义文学宣言。宣言说：“中国人向来因为不敢正视人生，只好瞒和骗，由此也生出瞒和骗的文艺来，由这文艺，更令中国人更深地陷入瞒和骗的大泽中，甚而至于已经自己不觉得。世界日日改变，我们的作家取下假面，真诚地，深入地，大胆地看取人生并且写出他的血和肉来的时候早到了；早就应该有一片崭新的文场，早就应该有几个凶猛的闯将！”

现实主义，首先是指一种文学精神。它要求作家对于社会的恒常状态，以及长久酝酿而成的重大事件，不能采取回避的态度。作为哲学范畴，它重视的是世间事物的有限性，当下性和真实性。鲁迅在北京的一次讲演中，专门谈说两种感想，其中之一是：“我们的眼光不可不放大，但不可放的太大。”人们大抵住在有限的人世和无限的宇宙这样两个相反的世界中，各以自己为

是；但他觉得，天文学家的声音虽然远大，却不免空虚。所以，他不赞成文学去关心远而至于宇宙哲学，灵魂灭否的“不要紧”的问题。生存的有限性，迫使人们关注当下的现实。20世纪30年代，《东方杂志》开设“新年的梦想”专栏，刊出的说梦的文章五花八门：梦“大家有饭吃”者有人，梦“无阶级社会”者有人，梦“大同世界”者有人，而很少有人梦见建设这样社会以前的阶级斗争，白色恐怖，轰炸，虐杀，电刑……鲁迅著文说：“倘不梦见这些，好社会是不会来的，无论怎么写得光明，终究是一个梦，空头的梦，说了出来，也无非教人都进这空头的梦境里面去。”逝世前，在有名的《论现在我们的文学运动》中，仍一再强调“全部作品中的真实的生活”，而反对在作品后面添上去的光明的口号和矫作的尾巴。真实性是现实主义的灵魂。他多次提醒说：“幻灭之来，多不在假中见真，而在真中见假。”中国的文人不但歌颂升平，还粉饰黑暗；而人们却又偏偏喜欢喜鹊，憎恶枭鸣。这是他深感激愤和悲哀的。

现实主义作为一种写作范式，鲁迅所取是场景描写和细节描写的真实。他的关于“看客”的描写是有名的。无论是《明天》式的麻木，《孔乙己》式的嘲谑，《药》式的附和，《阿Q正传》式的热闹，以及《示众》式的简直无端的扰攘，都使人感觉着无法摆脱的近身的恐怖。看客的场面，是人类生存境遇的形象的描述，表明了如马克思的“社会关系的总和”，海德格尔的“人在世界之中”的本质意义。在鲁迅的小说中，许多细节描写也是极其出色的。人们会清楚地记得：孔乙己是站着喝酒出现，而坐着蒲包消失的；这个多余的人为“窃书”辩护，总结回字的四种写法，给孩子分茴香豆吃而至于最后说“多乎哉？不多也”之类的话，都刻画得十分生动逼真。阿Q无疑是一个“可笑的死囚”。且看他临刑前抓住了笔画花押，是如何地使尽了平生的力画圆圈。“他生怕被人笑话，立志要画得圆，但这可恶的笔不但很沉重，并且不听话，刚刚一抖一抖的几乎要合缝，却又向外一耸，画成瓜子模样了。”当此“大团圆”的结局，竟因自己画得不圆而羞愧，是何等酸楚的笑话！祥林嫂无意博取人们的同情，甚或当周围已经制造了一片冷冽的空气时，仍直着眼睛，无数次向大家讲述自己日夜不忘的关于阿毛的故事。为了赎一世的罪名，她花钱到土地庙捐了门槛，但结果，仍然没有领到拿祭品的资格。接连的打击使她身心俱损，书中三次外貌描写，深刻地显示出了这一损害的次第变化。三次描写都着重画眼睛，乃至最后，柔顺的眼睛连泪痕也没有了，作为“一个活物”的唯一象征，却有着与木刻似的神色很不相称的钉子似的光芒！这是怀疑的光芒！当她追问人死之后有没有魂灵时，她的悲惨的形象，便永远留在读者的心里了！

鲁迅的杂感，同样可以说是现实主义的产物。他从史书、笔记、新闻和论敌的文章中剪取所需的部分，来画中国人的魂灵。正如他所说，所写的常是一鼻，一嘴，一毛，加上尾巴，合起来便是或一形象的全体。“论时事不留面子，砭锢弊常取类型”。现实主义的“典型”理论，至少在鲁迅，是并不限于小说的。

反抗者鲁迅，把文学中的现实主义引向了最无情的彻底的暴露。但是，就全部文本看，他的暴露方式并不符合经典现实主义的规范。现实主义是从古典主义脱胎出来的，先天地留有古典主义的遗痕。致命的一点是，它要求作家把思想倾向和感情色彩隐藏起来，唯有通过从生活中获取的材料，和借此材料构筑的情节加以不露声色的表现。一旦将这一原则固定化，模式化，就必然造成对人类精神的背弃，把作家降低成为外部世界的留声机。然而,一个富于生命激情和创造活力的作家,是不堪忍受这类形式的桎梏的。

此在之在,是雅斯贝斯的"大全"。世界的整体性,既包括生存的外部环境,也接连了人类内在世界的全部真实。彻底的现实主义者,必然同时是灵魂的观察者和表现者。当作家为整个世界描绘它的真实性的时候,便不能不深入到诸种事件和行为的底蕴,这样,也就无形中消除了主客观的据说是壁垒森严的界限了。

鲁迅选择文学作为未来生存方式的事情本身,具有决定意义的是人所共知的"幻灯事件"。可是,与其说是事件,是他在一个电影镜头中所见的死亡的威吓,毋宁说是经受了直接来自灵魂的撞击所引起的强烈震撼。直到新文化运动勃兴时,他倡言"思想革命",仍然可以说是这次震撼的一脉余波。19世纪末,从欧洲直到日本,都回荡着一片"心灵解放"之声,第一次世界大战过后,加快了这一潮流的速度。可是,在现代中国,虽然经受这一潮流的影响而喧哗一时,但很快归于岑寂。个性解放仅仅是时代的一种嚣声,并没有能够进入生命个体。长达一个世纪,没有哪一个人像鲁迅一样,如此长期地密切关注和深入发掘自我的精神现实。既为一个现实主义作家,他又必须背离现实主义的某些传统原则,让生命以它自身选定的主题直接表现它自己,让灵魂靠近灵魂。

4 表现主义:主观性、不驯性、创造性

弗内斯说:"对处在压榨、逼拶和无情的烈火焚烧中的灵魂全神贯注的人,可以被称为表现主义者。"

表现主义是20世纪初先后在德国和中欧兴起的一种精神运动，由绘画而遍及于诗歌、戏剧和小说；作为艺术原则，则明显是各种反对现实主义—印象主义手段的叠加。与象征主义—新浪漫主义相类似，表现主义同样具有对现存世界的超越性；不同的是前者趋向于人工乐园的建造，因为追求纯粹的美而变得矫揉造作，不是豪奢的贫乏就是享受的颓废，后者则直接来自生命的神秘的呼唤，来自被城市、机械、战争和现代官僚制度碾压下的人们的紧张的关注，来自新的幻想和激情，难以沥述的恐怖、愤懑与悲怆。积极性和创造性是表现主义的生命。它的最大特点是病态社会的抗议性描写，崛起的情绪、新异的结构和热烈雄辩的语言。总而言之，表现主义通过艺术与艺术家，表明了现代人面临绝境的积极的生活态度。它标志着：梦想，自由，反抗，一切表现和创造，是人类拥有的神圣不容侵犯的特权。赫尔曼·巴尔甚至这样定义它："表现主义是指：是否能通过一次奇迹，使得丧失灵魂的、堕落的、被埋葬的人类重新复活。"

鲁迅翻译过片山孤村的《表现主义》、山岸光宣的《表现主义的诸相》等直接宣传表现主义的文章；还有一批译文，其中对表现主义的评价颇高，如有岛武郎的《关于艺术的感想》，青野季吉的《艺术的革命与革命的艺术》、《现代文学的十大缺陷》等；此外，对尼采、柏格森诸人的主观哲学，以及对阿尔志跋绥夫、安特莱夫、迦尔洵等人的文情皆异的小说，特别对珂勒惠支的逼人的版画的绍介，便可看出他对表现主义的异乎寻常的热情。在这个气魄阔大的拿来主义者看来，表现主义最可取的地方，首先是因为它是灵魂的艺术，极端的倾向的艺术。它不容许作家艺术家在社会苦难面前保持风雅、冷漠和沉默，相反，是对于现实的争斗、克服、变形、改造。在艺术中，它要求保持被压迫阶级的强固的反叛意识，保持与生活的最深层的联系，保持不驯的个性，因此形式也必然是出于偏激的纠葛的。

5 天才的个人创造

鲁迅既是一个现实主义者，同时又是一个表现主义者。反过来说，其实什么也不是。他从来不为一种固定的主义所拘限，只是通过选择与拿来，使自身带上各各的成分，从而变得丰富起来，不但具有生活的广，而且具有生命的深。在绍介安特莱夫的时候，他便特别注意到心理的烦闷与生活的黯淡两个切面，说："安特莱夫的创作里，又都含有严肃的现实性以及深刻和纤细，使象征印象主义与写实主义相调和。俄国作家中，没有一个人能够如他的创造一般，消融了内面世界与外面表现之差，而现出灵肉一致的境地。他的著作是虽然很有象征印象气息，而仍不失其现实性的。"在他热爱的俄国作家中间，安特莱夫是独特的，唯一的。"象征印象主义与写实主义相调和"，同时是他所追求的与哲学品格相一致的美学道路。所谓"象征印象主义"，即厨川白村的"广义的象征主义"，也即表现主义。

鲁迅的小说和诗，确乎弥漫着表现主义的气息：安特莱夫式的恐怖，阿尔志跋绥夫式的绝望与荒诞，波德莱尔式的阴郁，尼采式的冷峻、侮蔑、闪电般的劈刺，等等。然而，当我们面对一个天才的作家，仍往往惯常地注重他的师承关系，而忽略了个人的创造。其实，这批曾经影响过鲁迅的作家，都是现代主义的先驱人物，他们只是通过作品的内在性显示出了表现主义的某些本质的东西而已；表现主义作为一场运动，在遥远的欧洲也不过刚刚开始。鲁迅的写作环境是封闭的、孤悬的。

在他的最富于独创性的艺术手段中，隐喻的运用是突出的。在这里，隐喻不是局部的点缀，而是成为一个强有力的自主的修辞格而存在，有人称之为象征。它是主观的，"表现"的，既是内部经验的客观化，又在通过意象给予世界以重新阐释的同时，阐释了诗意的生命。《狂人日记》、《药》、《故乡》、《兔和猫》、《鸭的喜剧》、《长明灯》、《秋夜》、《影的告别》、《求乞者》、《雪》、《好的故事》、《过客》、《死火》、《腊叶》，还有一些旧体诗，都有着内涵十分丰富的隐喻。其次是荒诞的手法。这种手法，以违背正常的思维逻辑的佯谬形式，揭示生活的本质的真实。《野草》、《故事新编》两个集子，就有不少的例证。即如一贯被誉为现实主义杰作的《阿Q正传》，同样使用了这种手法；在某种意义上，完全可以把它算作一个关于民族的历史性命运的寓言。

奥地利作家卡夫卡，是善于运用隐喻与荒诞手法的表现主义文学大师。他以病态的幻想，非凡的讽刺，深刻揭露了资本主义世界的异化现象。同时代人鲁迅，却以相同的手段，掊击异质的东方文明，一个"从来如此"的充满奴役与创伤的非人世界。他们一样怀着对人类的热爱与同情，一样的真诚而孤独；然而，卡夫卡是惊恐的，怯弱的，鲁迅则是镇定的，勇猛的。同是描绘个人与社会之间的二律背反。在卡夫卡，常常表现出世界和人的不可知性。他的寓言创作，基本上带有自发的、直觉的性质，而无须借助传统神化的材料求得周围世界的概念化；笔下的主人公，则一向带有普遍化的"个体"的表征，作为整个人类的模拟，意志消沉是难免的。鲁迅则不然。由于他的灵魂的深刻，作品不无某种形而上的意味，绝望与虚无便如此。然而，即便是绝望与虚无，作为反抗的目标，在他同样是可确定的实体。他的情节性文本,材料不是直接来自现实,就是来自野史、笔记,但却无一不经过理性的煅冶。就拿《故事新编》来说,《补天》的女娲胯下的小丈夫,《理水》的栖居文化山上的学者,种种荒诞的描写都加强了其中的现实感。历史与现实,由于事实上的惊人的相似,而有了艺术上的可倒错性。对于摧毁罪恶的世界,卡夫卡深感无能为力,反抗在他看来是没有意义的。鲁迅认为,即使旧世界的毁灭仍在不可知之数,也仍要作殊死的对抗。《铸剑》中的黑色人和眉间尺的头与王头相搏噬的情节是荒诞不经的,但却惊心动魄。这样的复仇主题,不但卡夫卡的作品不可得见,战后西方的许许多多现代主义作家也都同样没有的。这是东方奴隶积郁了千年的愤火,经由一个深思、孤傲,而又蛮野好斗的作家而获得壮丽的焚烧!卡夫卡说他身上所有的,仅仅是人类的普遍弱点,不但于人类前途没有信心,于自己也没有一种确信。而鲁迅,虽然绝望于人类的境遇,却仍然相信人类自身;对于自己虽然也怀疑,也批判,也否定,但在复仇的时候,却宁可由自己判断,自己执行。生存状态决定了"表现"的内容,连同所有一切。

此外还有语言。鲁迅的语言是最富于个性的。第一是反语。没有任何人比他更苦心琢磨地运用这种充满悖论的语言了。它既不同于法国或德国式的雄辩,也不同于英国式的调侃,而是首先吸收了先秦诸子和唐代不合作文人的论辩与讽刺风格,结合所谓"刀笔吏"的地方文风的一种创造。锋锐,严密,简练,明快,执寸铁而杀人。第二是语意和语调的转折。这种转折,用鲁迅自己的话来说是"曲曲折折"、"吞吞吐吐";虽谓是不得不尔,却分明有意为之。它在作品中的大量罗布,使人立刻想起法国画家梵高的旋转般的笔触。然而,梵高是扶摇直上高空的飓风;鲁迅则指向地下,是在坚硬而密闭的黑暗深处左冲右突、蜿蜒流动的熔岩。这种美学效果，恰如德国的一位表现主义作家凯泽说的："语言愈是冷静粗犷，情感愈将汹涌动人。"

把鲁迅的文本从文学上作现实主义-表现主义的归纳，应当说是一种极其草率，甚至可以说是不负责任的做法，因为天才是无法归类的。事实上，这些文本也确乎包含了许许多多其他的成分。在这里，把两种主义看成为同一个符号，仅仅为了表明：鲁迅通过主客观的双向循环，以保存和发展生命为前提对艺术的支配这样一种精神态度而已。

对于鲁迅这个新的灵魂时代的开路人，夏济安说过一段相当漂亮的话："鲁迅面临的问题远比他的同时代人复杂得多，剧烈得多。从这个意义上说，他正是他那一时代的论争、冲突、渴望的最真实的代表，认为他与某个运动完全一致，把他指派为一个角色或使他从属于一个方面，都是夸大历史上的抽象观念而牺牲了个人的天才。"

危险的意义

1　向权力挑战

杜威说，任何思想家只消开始思维时，都多多少少把稳定的世界推入危险之中。

鲁迅的反抗哲学，就显面而言，首先是对抗权力的；较之一般的异端思想，显然具有更为危险的颠覆性质。所以，在北洋政府和国民党政府统治时代，他理所当然地沦为流亡者。而文字，相应地,也就不能不成为御用文人狺狺而吠的对象。

鲁迅的讲演《文艺与政治的歧途》,从根本的意义上,讨论了文艺与政治的矛盾对立关系。他说:“我每每觉到文艺和政治时时在冲突之中,文艺和革命原不是相反的,两者之间,倒有不安于现状的同一。唯政治是要维持现状,自然和不安于现状的文艺处在不同的方向。”“政治想维系现状使它统一,文艺催促社会进化使它渐渐分离;文艺虽使社会分裂,但是社会这样才进步起来。”所谓革命,在他看来即是不安于现在,不满意于现状。如何促使社会分裂和进步,也就是说,如何避免在“统一”的名义下剥夺个体,实行“不撄人心之治”,是余下的全部问题。

2 向知识者挑战

鲁迅曾经慨叹道:“中国一向就少有失败的英雄,少有韧性的反抗,少有敢单身鏖战的武人,少有敢抚哭叛徒的吊客。”这种民族性格的养成,除了大一统的国家制度覆盖下的各种迫害之外,与数千年思想文化传统的教化浸淫也大有关系,尤其是知识阶级。

儒家和道家本来是先秦诸子百家争鸣中的两家,后来宗教化了。它们分别代表社会和人体内部的动静两面,涵盖面很广。佛教施入华土以后,很快就被同化了过去。作为官方的宗教,儒教具有浓厚的重人意识,所谓“唯人万物之灵”,“人能弘道,非道弘人”,“国以人为本”等等,把人的地位抬得很高,所以创始人孔子的学说被称为“仁学”。但是,这里的“人”并非单个的人,具有个人权利与尊严的人;而是系统中,秩序中的人,在巨大的关系网络中失去主体性的人,它讲求“天人合一”,以及各种的

"和",使原来仅有的一点进步性,都在合乎中庸的阐释中互相抵消和自我抵消了;人与自然,人与社会,人与人,都因此缺乏一种必要的对抗的张力。儒家的整个时间观念是属于过去的,乐天的,复古的,守成的,其实是倒退的。在儒家思想体系内部,有一条天然的暗道通往老庄。道教与道家虽非同一个概念,但是,都同为老庄思想的放大,在骨子里头有着很一致的东西。老庄思想的要害是崇天忘人,无爱,无忧,无为。在黑暗政治面前,反求诸己,采取苟活主义的态度:"不谴是非","不辩生死",向往无所住心的逍遥。

中国传统知识分子又叫"儒生",是儒教的信徒。所谓"学而优则仕",他们是依附庞大的官僚机构而生存的,通过科举道路,成为权力者的新的补充。由于官僚机器本身的倾轧与排挤,毕竟有大量的儒生汰留在官场之外,于是有了隐士。汤恩培称中国为"隐士王国"。其实,隐士并非完全地皈依老庄,而是儒道合流。鲁迅说:"中国的隐士和官僚是最接近的。"出仕或归隐,完全视穷达如何而定,可以说是古典的机会主义者。所以说,中国文人"无特操",没有独立的信仰和人格,不是依附,就是逃避。但无论是官僚、奴才和隐士,都是一例地憎恶反抗的。

辛亥革命有两大成功,一是推翻了帝制,二是引进了西方近代的自由民主观念,导致以革命形态出现的另一场思想文化运动的发生。与其说五四运动是一个时代的开始,无如说是一个时代的回光返照的极为辉煌悲壮的结束。运动中的科学民主和个性解放的口号,很快就被党派性群众性斗争的浪潮淹没了;而起着主导和主体作用的知识分子,也都纷纷放弃了一度为之奋斗的思想——社会解放的原则,诚如鲁迅所说,"当时的战士,却'功成,名遂'者有之,'身稳'者有之,'身升'者更有之,好好的一场恶斗，几乎令人有'若要官，杀人放火受招安'之感。"知识分子的这种蜕变，可以从封建儒生和古代隐士中找到原型，是固有的荏弱和骑墙性格的表现。

当五四精神日渐沉沦之际，鲁迅成了最后一名堂·吉诃德，几乎以单个人的力量挑起"思想革命"这面千疮百孔的旗帜，主动地且更大限度地孤离了自己，把批判的长矛转而对准自己所属的阶级——知识者阶级了。但因此，也就招致了同时代的知识者及其精神继承人的旷日持久的抵制与攻击。

对于鲁迅的反抗哲学，一者是把它完全纳入集体斗争的范围里去，使反抗的对象与所谓的"时代要求"相一致，完全抽掉作为"唯一者"的个体性内容。另一种是从根本上否定反抗的必要性。鲁迅的最露锋芒的部分，使生活在经院与书斋里的知识者感到烦嚣；他们因为曾经备受人为的"运动"之苦而谢绝了所有必要的斗争，鸵鸟般地把头脑深深埋入由自己营就的沙堆中。知识本来具有抽象的、超验的、一般的性质，因此以知识的积累和运作作为一生职业的知识者，对现实社会有一种先天性的逃避倾向和虚构本能。如果对此缺乏深刻而痛苦的自省意识，无论如何自诩为"社会精英"，也终将不能担负所应担负的沉重的使命。

3　向社会挑战

在中国，卷帙浩繁的各种辞书是没有"自由"一词的。当它最初从西方介绍进来时，根本没有对应的词汇可以翻译。严复译穆勒的《自由论》，便将自由译成"自繇"。自古以来，只有集体的"造反"，个人的反抗也是没有的。因此，鲁迅的反抗哲学，不易为具有“群化人格”与“喜剧精神”的国民所接受。改造是艰难的。事实上,繁难的汉字已经杜绝了底层民众与鲁迅著作直接接触的可能性。为此,他曾多次慨叹过,并热心于世界语和罗马拼音方案——一个文字乌托邦的建立。他比谁都清楚:民魂的发扬是未来的遥远的事情。

4 思想本体的不朽

要理解一个具有独立人格,在思想和艺术方面开拓新路的人是极其困难的。就整个时代而言,他走得太前了,就整个知识阶级而言,他的精神居所留在下层而个体反抗的思想又使他腾越其上,总之太不合群了。他注定是一个孤身的战士。

然而,无论整个社会历史的态度和趋向如何,从本体论的意义上说,鲁迅完全可以蔑视我们而岿然存在。作为一个先觉的战士,他已经以全部的生命、头脑和热情,艰难而又疾厉地反抗过了——

鲁迅是不朽的!

一个反抗者的精神文本

如问中国自有新文学运动以来，谁最伟大？谁最能代表这个时代？我将毫不踌躇地回答：是鲁迅。……当我们见到局部时，他见到的却是全面。当我们热衷去掌握现实时，他已把握了古今和未来。要了解中国全面的民族精神，除了读《鲁迅全集》以外，别无捷径。

——郁达夫

的确，如果把五四运动仅仅理解为怀有明确目的去除旧布新的群众运动的话，鲁迅就不能说是五四运动的真正代表。他体现着新与旧的冲突；同时也体现着另一些超越历史的更深刻的冲突。他从不曾得到他的同时代人胡适和周作人所曾享有的那种宁静的心境，但他却是比他们中间任何一个都更其伟大的天才。

——〔美〕夏济安

西方文化忽略了鲁迅的作品实为一种耻辱，任何无知的借口都无法弥补这个疏忽。

——〔美〕詹姆逊

小说：人·鬼·灰色影子群

对于现代中国，新文化运动的作用，实在不亚于文艺复兴运动之于欧洲。然而，它的发动，并不如我们今天悬想般的轰轰烈烈，毋宁说是静悄悄地进行。《新青年》编辑导演的答王敬轩的“双簧信”，就是著名的例子，目的是要弄出响声来，让全社会知道。这是寂寞的。至少，当时处于边缘地带的鲁迅是这么感觉的。为了慰藉那在寂寞里奔驰的前驱者，或者也因他未能忘怀于往日筹办流产的《新生》杂志的寂寞的悲哀，他终于在黑暗的铁屋子里呐喊起来，但从此，中国便有了首批新型的白话小说。

鲁迅自己说过，他的文字有两类，一类是为别人乃至为敌人的，一类是为自己的。依照这种说法，小说当介于两者之间，既有明确表达问题意识和社会责任的方面，也有抒写个人情愫的方面。说到小说创作，他说：“我仍抱着十多年前的‘启蒙主义’，以为必须是‘为人生’，而且是要改良这人生。”正是人生，把别人和自己统一到他的小说里来了。

鲁迅的第一部小说集《呐喊》（1923年出版）

因为志在启蒙，作为小说家，鲁迅一开始就教他的读者把世界当作问题来理解，也就是说他必须把一个充满疑问的现实世界揭示出来。这是一个吃人的世界：吃与被吃，各种各样的吃。鲁迅把世界截然分为上下两大层面，在小说中，虽然也着意暴露上流社会的堕落，却更多地倾注了内心的悲悯，描述底层的不幸，那许许多多人们的被吃的情形。有学者统计说，《呐喊》、《彷徨》计25个短篇中，便有13篇描写了24个人的“狂”与“死”。死亡家庭成员有四种人：革命者或先觉者，知识分子，普通人，还有儿童。统括起来，都是社会的无权者和弱势者。夏济安对鲁迅小说里的黑暗面有特别深的认识，他指出：“鲁迅是一个善于描写死的丑恶的能手。不仅散文诗，小说也如此。他的小说中很多生动的形象都有着那样一种苍白的色调，呆滞的目光，缓慢而静悄悄的动作，以致在死亡完全抓攫他们以前，他们就已经有点像死尸了。丧仪、坟墓、死刑，特别是杀头，还有病痛，这些题目都吸引着他的创造性的想象，在他的作品中反复出现。多种形式的死亡的阴影爬满了他的著作。”一个恐怖的、悲惨的、荒谬的世界何以能够长存？对于有着五千年文明史的中国国民来说，这是一个问题。对此，鲁迅的小说并没有给出答案，其实当时作者本人未必便有答案，唯是留下艰难摸索的印迹，作为暗示读者的记号而已。

我们看到，鲁迅的每一篇小说都有若干个线头，可以由读者把它们同其余各篇的线头任意接续到一起。于是，诸如生存权利、权力资源、权威关系、集体行为、规范与行动、个人选择与社会选择、同一性与异化等等，都落入到一张无限展开的闪烁不定的罗网里。无论从哪一个端点出发，都会找到最深远的根据；也无论沿着哪一条线路追索，同样会发现为周围的异己力量所牵掣的个体。鲁迅的小说，可以说是异形而同构的。所谓同构，并非是故事结构的雷同，而是通过苦难的叠加，主题的重复，强调存在的本质所在。这种相似性，使得同一个社会事件或个人行为，同时在物质世界和精神世界里进行，并且经受同样的震荡。作为启蒙思想家，鲁迅不能不重视一个病态社会的精神状况。在他那里，有两个中心意象：一个是关于“铁屋子”的，一个是属于“荒原”的。不同于封闭和压迫，荒原感是敞开的、弥漫的、延绵的，人坠入其中而无可措手，其实这也是一种深渊感。需要特别指出的是，作者的笔触，并没有停留在对普遍的痛苦、恐怖和焦虑的一般的表现上面；其中一个很大的特点，是往往把这些异常强烈的尖锐的悲剧情感，化为一种寂寞感呈现出来。寂寞也是多种多样的，有先觉者的寂寞、勇士的寂寞、知识者的寂寞，但也有劳苦者的寂寞。像鲁迅这般细微地描画小人物的寂寞，在中国作家中几乎是没有的，在世界作家中也非常少见。

所谓“哀其不幸，怒其不争”，鲁迅的伟大之处，还不只在于抚慰寂寞的灵魂，当众多的个体组成“孤独的人群”时，鲁迅又把寂寞的消极的方面放大了给我们看，它是如何易于导致主体感的丧失，自由意志、热情和力量的消解。这就是看客形象系列的创造。看客的形象是混沌的形象。在庄子寓言里，凿窍而混沌死。但是，中国社会往往缺乏手持斧凿的精神战士。这是可怕的。

文学是经验的产物。作家无论如何夸大想象的作用，在一定意义上说，他的文字都带着自传的性质。鲁迅的小说，所写大抵是个人经历和见闻，即便如《故事新编》，均取材于古代神话、传说和史籍，而许多人物，也都是他所熟悉的，是穿戴了古衣冠的现代人。他无须编造离奇的情节，只须在记忆中选择日常性的材料，深入发掘其中的意义，然后把这些富含意义的材料加以改造,或由此生发开去。他喜欢使用“拼凑”的方法。理论家叫作“典型化”,而且把它划归到写实主义的名下,未免过于狭窄。他使用这一方法,其实是出于主题的需要。他要求集中。个人的生活印象因集中而变得尖锐、鲜明和特异起来,思想与美,就在这惊异中产生。

说到鲁迅小说的艺术,可以说,他没有太多的花样,相反是突出的简洁。不同于思想道德方面的叛逆,在审美方面,鲁迅对中国传统文化多少还表现出一种亲密感。他的叙述语言,总是文白夹杂,坚持不肯彻底白话化,或者欧化,像瞿秋白、茅盾、徐志摩等人那样。由于白话尚未发展成熟,他宁可求助于传统,以保留丰富的表现力。首先是语调,其次是文字的节省问题。他在《我怎样做起小说来》(1933)一文中说:“中国旧戏上,没有背景,新年卖给孩子看的花纸上,只有主要的几个人,我深信对于我的目的,这方法是适宜的,所以我不去描写风月,对话也决不说到一大篇。”在答北斗杂志社问时还谈到:“写完后至少看两遍,竭力将可有可无的字、句、段删去,毫不可惜。宁可将可做小说的材料缩成 sketch,决不将sketch材料拉成小说。”关于人物,他并没有太多地在性格刻画方面用力;也许,这同中国人的个性缺乏有关,但是首先跟他的关切点有关。这是一个有着十分明确的“问题意识”的作家。由于他重视的是人的精神状态,因此,他根本不像一般作家那样斤斤于性格描写的技巧,甚至可以说,他的小说人物多是“类型化”的。在现实主义理论中,“类型”比起“典型”明显属于较低层次,但是在鲁迅的意识中,首先需要彰显的是思想革命——所谓“遵命文学”之“命”——的意义,社会学的意义,其次才是美学的意义。由于这类型别具象征的意味,形而上的意味,因此不是现实主义理论所可以规范的。这些类型化人物，游移于故事与寓言、写实与抽象之间，在现实主义文学画廊中明显地属于异类。是他戛戛独造的富于思想文化内涵的系列形象："精神形象"。他特别重视人物与周围环境的关系，往往从人物的位置和关系的变化中展示命运的残酷性。其中，他说最俭省的方法是画眼睛。在《祝福》里，是直接画祥林嫂的眼睛。在《阿Q正传》里，安排阿Q画圆圈，其实也是画眼睛，《白光》的结尾写科举失败后投水的陈士成"十个指甲里都满嵌着河底泥"，同样是点睛之笔。在鲁迅小说中存在着许多这类形象鲜明、内涵丰富的细节。所以，美国学者威廉·莱尔总结说，鲁迅在语言使用方面有着"斯巴达的倾向"。

鲁迅小说在情节结构和人物设置方面，对比是明显的。夏济安指出，他的修辞力量大多来自强烈的对比：光明与黑暗，沉睡与觉醒，吃人者与被吃者，人和鬼，先觉者和庸众，战士和周围的敌对势力，站在叛逆者一边的和压迫毁灭他的人。这种对比结构，在鲁迅那里，是真实存在着的社会历史结构。他的对立思维或逆向思维，其实缘此现实政治而来。在小说中，他通过反语技巧的使用，天才地表现了对立方面固有的和潜隐的冲突。这里有情境性反语，也有描述性反语，尤其前者，在传统小说中是极少见的。周作人认为，鲁迅的反语技巧是接受了果戈理、显克维支、夏目漱石等人影响的结果；实际上，个人创造是主要的，这在《故事新编》中有着特别富于个人风格的表现。反史诗，反神话，反"绝对的过去"，如此集中的解构的主题固然前所未有，而其中的互文性、隐喻、幽默、反讽等技法的娴熟，同样无人可以追随。反语在鲁迅小说中是一个大系统，夏济安称为"伟大的'熔合体'"，充满内在张力。在这中间，不但有着光明和黑暗的轮廓分明的对峙，而且满布着不断游移变化着的灰色的影子群。

诗意的创造，也是鲁迅小说的一个显著的特征。《狂人日记》、《明天》、《故乡》、《兔和猫》、《鸭的喜剧》、《社戏》、《在酒楼上》、《孤独者》、《伤逝》等都是极富诗意的。他利用诗意的情感性、氛围性、象征性和多义性，创造他的小说美学。比较一般的作家，他多出一个潜意识世界，梦的世界。他耽于其中，因此，他的作品，既有官能的纯粹性，被折磨的肉体气息，又有玄学的神秘幽深；内面世界与外部表现之差，在这里被诗意给消融了。从美学风格来说，本土遗产中只有李贺的病态的想象约略相似，明显地，他是从俄国作家陀思妥耶夫斯基、契诃夫、阿尔志跋绥夫、安特莱夫以及迦尔洵那里获取了更多的资源。伍尔芙在比较俄英两国文学时指出，俄国人对灵魂和内心有着深刻的理解，说："我们从所有俄国大作家身上都可以看到圣洁品质的特征。正是他们这种圣洁的品德，使我们为自己的没有灵魂的天真品质而感到羞愧，并且使我们如此赫赫闻名的小说家们变得虚饰和欺骗。"同时又指出："深深的忧伤，是俄国人的典型特征，正是这个特征创造了他们的文学。"鲁迅的小说是有灵魂的小说，他的忧愤极为深广。因此中国古典小说中的那类因果报应，道德说教，道教的出世哲学，儒教的英雄主义，还有名士气和市民气的混合物，"大团圆"等等，完全与这个异类作家无缘。若论知识谱系，他是与俄国作家更亲近的。

然而，鲁迅毕竟是一个属于现代中国的作家。作为新文化运动的开拓者，偶像破坏者，他可以毁弃传统的一切，却固执地保留了由它孕育的苦难，身为奴隶的屈辱的永久性见证。正如一位评论家说福克纳的小说里有"古老的声音"那样，在鲁迅的小说中，同样鸣响着这样一个声音，世世代代从未中断的深沉的声音，东方大陆的声音。

杂文：讽刺家的轻武器

杂文的写作，对中国现代的思想家和文学家鲁迅来说，可以说是一个身份性标志。

在新文学运动初期，鲁迅同时进行小说、新诗和随感录等多方面的写作，但是很快地就告别了新诗，随后也告别了小说，唯是集中地写他的杂文。斗争的紧迫，心情的芜杂，已经不容他耽留在记忆和寂寞里了，因此，放弃创作而抓住一种便利于文明批评和社会批评的杂文样式，对于一个启蒙战士来说，实在是最自然不过的事。然而，反对他的人据此讥评他为“杂感家”，喜欢他的人也无不以他的中断创作为憾。无论在哪一面，都一样忽略乃至抹杀了鲁迅杂文的真实价值。

的确，杂文不是现在的新货色，正如鲁迅指出的，是“古已有之”的一种文体。所谓“汉来杂文，名号多品”，文论家刘勰便把十六种文体划归杂文范畴，并且把它们都看作是“文章之支派”，“暇豫之末造”。在鲁迅那里，杂文有广义和狭义两种用法。广义相当于“杂著”，鲁迅说他编书时，“只按作成的年月，不管文体，各种都夹在一处，于是就成了‘杂’”。狭义是文体的用法，准确一点说，是应当叫作“杂感”或“短评”的。鲁迅说：“短短的批评，纵意而谈，就是所谓‘杂感’”。这里包括了三个要素：一是批评性，二是轻便性，三是随意性。作为一种文体，杂文因鲁迅的实验性的运用而变得更纯熟、更完整、更丰富，既富含思想又饶具艺术的意味，从而带上范式的意义。

中国现代杂文史是同鲁迅的名字连在一起的。许许多多用于批评的、驳难的、讽刺的文字，常常被称为“鲁迅风”。事实上，鲁迅的杂文是无法仿制的，它明显地带有个人天才创造的特征。

不问而知，鲁迅杂文的首要特点是它的批判性、思想主动性、直接性。他对杂文的要求是“感应的神经、攻守的手足”，这种对社会上的日常事变的敏感，来自作为一个公共知识分子的批判立场；而这一根本立场不可能属于单一组织或团体的，而是人类的、社会的、民间的，但又是全然立足于个人的。唯其是个人的批判立场，才能始终保持一种独立性，并藉此与强权者相对抗。瞿秋白说鲁迅的杂感是一种“社会论文”，“战斗的‘阜利通’”，但是必须看到，鲁迅的战斗是个人性的，他的杂文不仅仅表现为观念和理论上的斗争，而且有着灵魂的搏战，因此获得一种自觉的“荒凉和粗糙”，那为他所不惧惮也不想遮盖的“风沙中的瘢痕”。

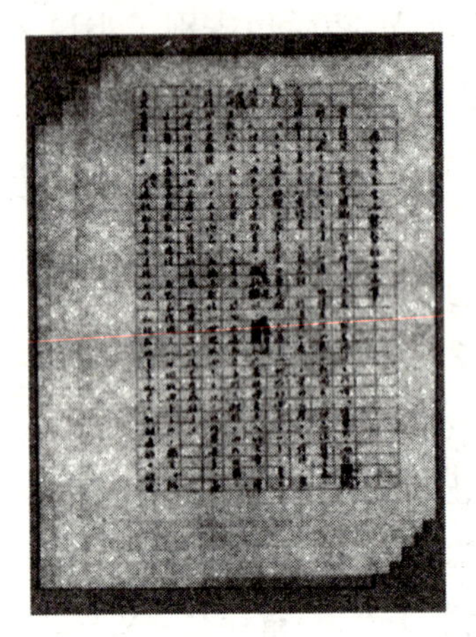

鲁迅一生共写了八百多篇杂文，这是最后一篇文章——《因太炎先生而想起的二三事》。

其次是互文性。鲁迅杂文的材料来源十分丰富，从神话传说、文史知识、社会新闻、个人琐事，直至身体语言，由“面子”、头发、胡须、牙齿而腰臀、膝盖、小脚，简直无所不包。我们说鲁迅是一个百科全书式的作家，却并非是那类罗列知识的博学家；所以这些知识材料，在他那里都因战斗的调遣而作着十分机敏的处理。文本性、副文本性、超文本性，材料的交互作用，在鲁迅杂文中蔚为奇观，形成一个庞大而幻变的互动系统。我们注意到，鲁迅视“正史”为伪史而常常使用野史、笔记的材料；还应当看到，他充分利用了现代传媒相对发达的条件，即利用新闻和杂闻的材料进行写作。尤其杂闻，那种无法分类、不合规则、没有条理、荒诞离奇竟或平淡无奇的事件，是鲁迅所重视的。当他一旦从某个边缘地带和反常状态中发现了它们，便迅即发掘那里的触及人类深层状态的隐匿的潜力，揭示控制人类生存的公开或神秘的法则，总之力求突出其否定的本质。同野史、笔记的“反历史”（contrehistoire）的使用一样，鲁迅对于新闻和杂闻的使用，将驳杂的材料在秩序的颠覆与重建中交织到一起，目的则在于反现实。

瞿秋白说鲁迅杂文是“文艺性的论文”，所谓“文艺性”，最大的特点就是形象化概括。对于中国和中国人的评述，鲁迅常常使用两个手法：一是形象化，一是类型化。譬如说中国社会是“铁屋子”，漆黑的“大染缸”，说中国文明是“人肉的筵宴”，说权力者的精神毒害为细腰蜂式的“毒螫”，武力讨伐为“血的游戏”，专制统治的原则是“动物主义”；又称“吃英雄饭”的老英雄为“吃教”，称创造社的革命文学家有“创造脸”，是“才子加流氓”，他们对革命和文学的态度是“脚踏两只船”；称周扬等“拉大旗作为虎皮”，“以鸣鞭为唯一的业绩”。杂文中的许多概括性的说明，都运用了比喻，由此及彼，以使意义豁显；但也惯常地把本质性的特征直接抽取出来，划分类型或制造典型，单刀直入，十分精警。对于中国历史，他只须拿两句话来概括，便是“想做奴隶而不得的时代”与“暂时做稳了奴隶的时代”的循环。这样的例子很不少。鲁迅说“砭痼弊常取类型”，又说：“我的杂文，所写的常是一鼻，一嘴，一毛，但合起来，已几乎是或一形象的全体。”其中有一种特殊的类型化手段，就是瞿秋白发现的，他在"私人论战"中使重要的论敌的名字变做了代表性符号，如章士钊、陈西滢、"四条汉子"等等，都有着特定的文化内涵。所谓"知人论世"，鲁迅的杂文所以具有如此高度的概括力，显然同他对中国的历史和现实环境的深入认识有关，尤其在中国人的精神方面。所以，他可以很自信地说："中国的大众的灵魂，现在是反映在我的杂文里了。"

偏激性，也是鲁迅杂文的一大特点。他自白说："我的作品，太黑暗了，因为我常觉得唯'黑暗与虚无'乃是'实有'，却偏要向这些作绝望的抗战，所以多着偏激的声音。"在《论"费厄泼赖"应该缓行》一文中，还特意提出"偏激"与"中庸主义"相对论列。著名的例子是《青年必读书》的答卷："我以为少——或者竟不——看中国书，多看外国书。"典型的攻其一点，不及其余。为此，同"痛打落水狗"一类结论一样，招来不少谤议。其实，偏颇不仅是一种态度，也是一种方法，因为我们所面临的世界，并非处于公平和公正的初始状态，因此他必须向弱势者，反叛者或改革者倾斜。当群众因愚庸或卑怯而固守弱者的地位，甚至漠视乃至反对为他们的利益而牺牲的人时，是特别为他所嫉恨的。他在《即小见大》中说："凡有牺牲在祭坛前沥血之后，所留给大家的，实在只有'散胙'这一件事了。"像《战士和苍蝇》、《别一个窃火者》、《拿破仑与隋那》等前后许多文字，都表达了这样一种战士的孤愤。

鲁迅杂文中备受注目的特点，恐怕莫如讽刺了。论战的文字自不必说，就算文化随笔，也不同于蒙田，论说人生也不同于培根，他缺少西哲的那份安静超脱，那份形而上，在自由言说中仍然迫不及待、随处闪耀讽刺的机锋。鲁迅的讽刺不乏直接的攻击，可以寸铁杀人，但是也有许多讽刺在隐蔽处闪现，尤其当他身处严密的书报审查制度之下，如他所说，“一到觉得有些危急之际，也还是故意隐约其词”。这类讽刺，在鲁迅那里常用于三种情况：一是好用反语，私人论战中应用尤广，或者以子之矛攻子之盾，或者反话正说，正话反说，完全的“推背图”式。二是隐喻，这是“钻网”的最好的法子。三是与此相关的影射。小说中的形象如《奔月》的逄蒙、《理水》的文化山上的众学者，都能让读者很容易联想到他们的原型；杂文也如此，《阿金》所以被禁止发表，鲁迅听说过，这同当局猜想影射第一夫人宋美龄有关。还有一种放大的影射，即是借古讽今，利用千百年专制历史的前后时段的相似性，顺利进入现实禁区。如说秦史、魏晋史和明清史，在鲁迅杂文中是比较突出的。讽刺这一手法，使鲁迅的杂文特别地富于生气，大大驱除了小说般的幽黯，而处处充溢着短促而明亮的笑声。托马斯·曼说，讽刺的笑声，正是“人文主义铁匠店里铸造出来的最有力的武器之一”。

冯雪峰说鲁迅的杂文是诗和政论的结合，指出了诗意作为一个基本元素的存在，构成为其他杂文家的作品所稀缺的品质。事实上，鲁迅杂文中的诗意表现不只限于政论，还有史论，以致对哲学文化内容的渗透。在杂文中出现的诗有两种：一种是语言形式上的，如《圣武》、《夏三虫》、《小杂感》、《无花的蔷薇之二》、《火》、《夜颂》、《半夏小集》等，凝练、睿智，直接的启示或充满暗示。尼采的影响随处可见，直至最后说的“最高的轻蔑是无言，而且连眼珠也不转过去”仍然是尼采式的。还有一种表现是环绕涌流于字行中间的，那是作者的天生仁爱的外化，以非战斗的内涵契合于战斗，是一种人性化氛围，一种温和的气息，一种柔情，对整体的文字结构而言，造就一种内在的刚柔兼济的节奏。

以上种种特征，是通过富于个人笔调的语言组织起来的。自然，无论何种文体，都需要某种特殊的叙述语调，但是对杂文来说，似乎显得特别重要，因为它没有像小说的情节，诗的分行，或戏剧的对白一般可以作为文体的显著的外部标志，唯靠笔调把自身同其他言论性文字区别开来。鲁迅把自己的杂文同创作分开，可能是从艺术想象的角度出发；实际上，小说是虚构性写作，杂文则是非虚构性写作，应当一样划归文学创作的。笔调是文学性的最基本的，也是最个人化、风格化的表现。在中国现代作家中，鲁迅的笔调是独异的，文白夹杂，庄谐并用，这在杂文中尤其突出。由于进攻性的需要，又因为心性孤傲，视群敌为无物，所以锋利，明快，洗练，激越而又从容，有清峻通脱的一面；但是，由于文化环境的险恶，执拗地反抗屈从而不得不作深沉的韧性的战斗，所以文风也有很平实沉着的方面。加以天性多疑善怒，行文不免常常流露质疑和抗议的语气，频频使用诸如“然而”、“却”、“究竟”一类连接词，形成鲁迅时常自称的“吞吞吐吐”、“弯弯曲曲”的风格。

鲁迅的杂文，不但具有巨大的思想价值，而且具有巨大的审美价值。对于后者，郁达夫有一段话说得很精彩：“至于他的随笔杂感，更提供了前不见古人，而后人又绝不能追随的风格，首先其特色为观察之深刻，谈锋之犀利，比喻之巧妙，文笔之简洁，又因其飘溢几分幽默的气氛，就难怪读者会感到一种即使喝毒酒也不怕死似的凄厉的风味”。显然，对于鲁迅的杂文的评价，是并不在小说之下的。

至于同样为郁达夫所说的，杂文中“反映着‘五四’以来中国的思想斗争的历史”的史的意义，就更不消说了。

评论：理性的锋芒

文章界域，本来是极可弛张的。鲁迅发表的文字，除了小说，我们几乎都把它们归入杂文一类。对于一个思想战士来说，这种归纳，本来没有什么不妥之处；但从读者方面考虑，分类细一些，当更便于理解和掌握。在信中，鲁迅把《花边文学》和《且介亭杂文》分别称作"短评"和"杂论"，可见在他那里是可以细分的，而且"评"与"论"明显有别。相对于杂感，他还多次说到他有一本评论集，这意义好像并不曾引起大家的注意。其实，评论在他的文字中占有相当大的比重；他本人就说到，《二心集》是"最锋利"的。

为了改造国民性，鲁迅认为，必须设法"注入深沉的勇气"和"启发明白的理性"。从文体论，最富于理性色彩的，便是评论，鲁迅的评论，从大的格局上说，可分前后两部分。前期以论为主，重在自由平等观念的阐发；后期以评为主，重在文学和社会问题的剖析。在后期，鲁迅参加了几次重大的论争，这时的评论，不只是现象的评论，而且是评论的评论；也就是说，他已经把社会改造的基本理念转移到针对知识分子自身的斗争实践上来了。的确，他是一个游击战专家，如果说，杂文体现了他的灵活多变的游击风格的话，那么评论则是从正面发动的进攻，庄严，平正，率直，推进式，以集中而强大的火力形成一种摧毁性打击。

早在留日时期，鲁迅同时沿着两条平行的路线开展他的文学活动：一是搞翻译，再就是做评论：《人之历史》、《科学史教篇》、《摩罗诗力说》、《文化偏至论》、《破恶声论》，都是启蒙的大题目。这些评论有三个要素：一、世界眼光；二、历史经验；三、危机感和责任感。五四时期的评论，如《我之节烈观》、《我们现在怎样做父亲》、《娜拉走后怎样》等，论教育，论道德，论妇女，论社会改革，一样是大题目。不同的是，此时的论文不再羁限于西方现代观念的介绍，而是以介绍过的观念对本土文化传统实行批判。当作者进入新的论述范围，尤其是卷入女师大风潮 以及相随的各种现实中的斗争之后，评论明显地增加了一个要素，就是个人经验的介入。《论"费厄泼赖"应该缓行》和《答徐懋庸并关于抗日统一战线问题》就是前后两个著名的例子。经验性可以激活思想观念中的东西，从而使读者产生一种在场感。

由于战斗的需要，鲁迅虽然在文体上作出了自己的选择，但是在行文中，却也常常打破彼此在形式上的限界，同时使用最富于个人智慧和力量的手段。在评论中，习惯使用一些日常性材料，以支持他的论点，正如政治家潘恩将他的关于人权的政治小册子命名为"常识"一样，这样的常识，可能并不见于知识分子的词典，却是实实在在的常识，有一种真理的自明性；在论战中使用，则具有特别的杀伤力。比如在《"硬译"和"文学的阶级性"》中反驳梁实秋所谓的"普遍的人性"时，他这样写道："自然，'喜怒哀乐，人之情也'，然而穷人决无开交易

鲁迅在《"硬译"与"文学的阶级性"》一文中，对梁实秋所谓的"普遍的人性"予以反驳。

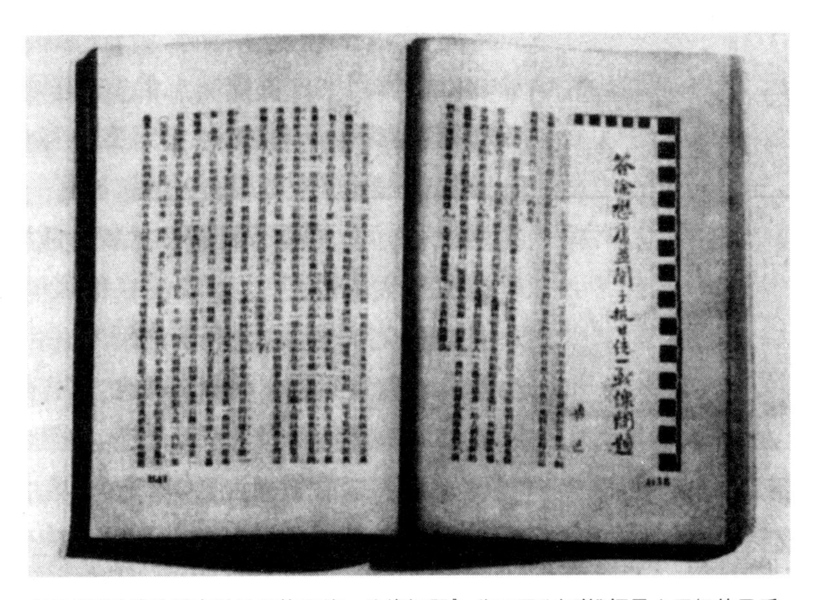
答徐懋庸並關于抗日統一戰線問題

魯迅发表《答徐懋庸并关于抗日统一战线问题》，公开同"左联"领导人周扬的矛盾。

所折本的懊恼，煤油大王那会知道北京捡煤渣老婆子身受的酸辛，饥区的灾民，大约总不去种兰花，像阔人的老太爷一样，贾府上的焦大，也不爱林妹妹的。"这是常识，当然无可辩驳。此外，还有一大特点，便是比喻。其中有的带有总体的象征性，如说"无声的中国"，说"老调子已经唱完"等；"痛打落水狗"，"脚踏两只船"之类，取喻是为了突出事物或事象的典型性；更多的比喻乃出于论证过程的需要，目的以图像化代替逻辑推理。在《文艺与政治的歧途》的演讲中，当鲁迅说到"政治家最不喜欢人家反抗他的意见，最不喜欢人家要想，要开口"时，便援用了原始部落和动物世界中的事例，说是猴子的首领要它们怎样，它们就怎样，又说部落里的酋长要他们死，也只好去死。题为《关于知识阶级》的演讲同样使用了这个比喻，只是别有意义，旨在证实思想自由对于颠覆一个专制政体的作用。在反驳"第三种人”时，有一个有名的比喻：“要做这样的人，恰如用自己的手拔着头发，要离开地球一样，他离不开，焦躁着，然而并非因为有人摇了摇头，使他不敢拔了的缘故。”自然，他的评论有许多精警之处，仍在于直话直说，短兵相接。《答徐懋庸并关于抗日统一战线问题》就是这样。他说：“首先应该扫荡的，倒是拉大旗作为虎皮，包着自己去吓呼别人；小不如意，就倚势（！）定人罪名，而且重得可怕的横暴者。”又说：“抓到一面旗帜，就以为出人头地，摆出奴隶总管的架子，以鸣鞭为唯一的业绩——是无药可医，于中国也不但毫无用处，而且还是有害的。”完全以率直出之，由伦理而政治，造就一种质疑、抗辩的风格。

彻底的批判精神是鲁迅评论的灵魂。正是批判性使他的评论不同于学院派，或者官派。胡适和他的朋友曾经创办过《现代评论》、《独立评论》等刊物，其实所载不是讨匪的檄文，便是媚官的策论，遗风是很古远的。倒是鲁迅这个从莽原和荒坟里走来的不挂任何好看的名目的人物，以他的野性文字，显示了评论这一文类的现代性与独立性。

散文：记忆断片

我们说鲁迅的散文，习惯地指他自己称之为“回忆文”的《朝花夕拾》集子内的文章，其实还有不少收在杂文集里，明显地如一些悼文，此外，还有题作“夜记”者，或相类似的文字。目前所见的“夜记”有三篇，据许广平回忆，鲁迅是准备写十多篇，一并以《夜记》为名出版的。后来书没有出成，但他确曾把一批较为散漫的文字集中另存一处；说明在他那里，有一类文字同杂文是有所区别的。

即使按照狭义的散文概念，这样的文字在鲁迅集中为数也颇不少，鲁迅的散文突出的是，所写全是关于“人事”的方面，表面看起来，题材显得相当狭窄。他始终远离自然，这却是的确的。即便文中夹杂写景的文字，也都是为了写所感，而与风月无关。例如《怎么写》所写的一段便如此：

鲁迅所著散文集《朝花夕拾》。

寂静浓到如酒，令人微醺。望后窗外骨立的乱山中许多白点，是丛冢；一粒深黄色火，是南普陀寺的琉璃灯。前面则海天微茫，黑絮一般的夜色简直似乎要扑到心坎里。我靠了石栏远眺，听得自己的心音，四远还仿佛有无量悲哀、苦恼、零落、死灭，都杂入这寂静中，使它变成药酒，加色，加味，加香……

文字是漂亮极了的。就算这样的段落，作者也很悭吝，总是把笔端尽快地收束到人事中来。

鲁迅散文的一个显著的特点，就是自我经验的表现。日常生活中的自我表现在鲁迅散文中有三种不同的方式：一是个人回忆录，收入《朝花夕拾》里的文字，基本上是按照个人生命史的线索，有组织地进行叙述的。这类文字，使用的是直叙和白描手法，形象的再现非常生动。然而，在由个人贯穿起来的若干个小小的镜面里，我们仍然可以从中窥见民间的形相，迅速而又迟缓地变动着的时代的面影。像《无常》中的迎神赛会，《二十四孝图》和《五猖会》中的旧式儿童教育，《琐记》中的《天演论》

出版前后的知识社会氛围,《范爱农》中的革命的降临与终结,都因为个人的介入而表现得特别真切。第二类是纪念和悼亡的文字。比较《朝花夕拾》,这类文字的重心明显地从自我转向他人,久居于作者心中的敬爱者与挚爱者。《纪念刘和珍君》,《为了忘却的纪念》、《忆韦素园君》、《忆刘半农君》、《关于太炎先生二三事》,是其中的名篇。鲁迅对人物的评价,并不限于道德文章本身;他总是不忘把他们置放到历史的大背景下,从改革和进步的视角切入来看待各自的缺失或贡献,憎爱分明,且极有分寸感。这里仅以《忆刘半农君》的结尾为例,他写道:“我爱十年前的半农,而憎恶他的近几年。这憎恶是朋友的憎恶,因为我希望他常是十年前的半农,他的为战士,即使‘浅’罢,却于中国更为有益。我愿以愤火照出他的战绩,免使一群陷沙鬼将他先前的光荣和死尸一同拖入烂泥的深渊。”明澈,宛转,博大,深沉。这部分文字,最充分地体现了作为战士者鲁迅的健全的理性和丰富的情感,是他的散文中以大提琴演奏的最具抒情的华章。第三类既非个人回忆,也非回忆他人,但又与此种种相关,还夹杂了许多别样的材料,而统一于作者即时的感悟。作者题为“夜记”者,盖属于这个部分。所谓“夜记”,鲁迅在一篇文章的附记里说是“将偶然的感想在灯下记出”的那种“随随便便,看起来不大头痛的文章”。大约“夜记”是介于散文与杂感之间的一种特殊品类,不同于正宗的散文,是由于它的杂;而不同于一般的杂感,则又因为它多少与自我的经历相关。《怎么写》如此,《在钟楼上》如此,《做古文和做好人的秘诀》也如此,连后来的《阿金》、《我要骗人》、《这也是生活……》、《女吊》、《死》也无不如此。这里有记实,有时评;有生活,有哲学;有激愤,有幽默;有生之热情,又有对死的讥嘲。恰如一面大海,波谲云诡,吐纳万物而变幻莫测。这就是一个天才作家的创造力。

鲁迅写作散文，大抵处在激战或大病过后，或者经过一场劫难之后的精神休整时期。因此，相对获得一种“痛定”的闲静，有了抒情的余裕。他的散文是特别富于抒情气质的。这种情感，比较杂文的战斗豪情，偏于绵长、凝重和深沉，显示了精神渊深的方面。在大体上完成小说创作之后，他的寂寞感，内心深处的某种倾诉的欲望，多借了散文和通信的形式流露出来。扩大一点说，其实通信也是散文。唯是在他作着平静的叙述时，却因时时翻动的记忆而恩仇交迸，于是在柔肠中乃见侠骨的暴突的锋棱。

散文诗：灵魂的战栗

散文诗可以说是一种边缘文体，既具有诗的美质，又不受格律的拘限，而能享受散文的散漫自由。在中国古代，《庄子》或《楚辞》的个别断片，魏晋南北朝的一些小赋，如《小园赋》、《枯树赋》之类，约略近之。但是，作为一种完整的文体形式毕竟是从异域移植过来的。中国现代散文诗的产生，从发表的作品看，当始于1918年，基本上与新文学运动同步。一批诗人如刘半农、沈尹默、郭沫若等人都曾有过尝试性写作，却十分幼稚。鲁迅的《野草》的出现，不能不说是一个奇迹。

鲁迅自称是一个散文式的人，他写过几首新诗，确是不押韵的，可是本质上是一个诗人。当他善感的心灵受到触动，或身在大苦闷中而意欲作诗的突围时，采用散文诗的形式是适宜的。在写作资源方面，无庸置疑的是，他接受过尼采和波特莱尔的影响，用他的话说，是摄取了"'世纪末'的果汁"。尼采是旧轨道的破坏者，一生与"庸人"作战，著作多用箴言集成；波德莱尔写人间"罪恶的圣书"，没有尼采似的强者的力，而竟陷入颓唐。两人在鲁迅这里构成一种奇异的结合，他以一个东方人的巨大的创造力，吸纳了代表日神与酒神两种完全相悖的原质，使《野草》充满内在的张力，虽然篇幅有限，却显得更博大，更深邃，更富于瑰奇的色彩。

鲁迅从来视生命为第一义，重视无数个体生命的保存、充实和发展。他的小说和杂文，就是面对生命遭到压迫和残害所作的抗议性言说。《野草》同样表现出对生命的极度关注，不同的是更多地从客体返回主体，是作者对于生命的一个自我眷顾与反思。他明白地把世界分为"身外"和"身内"两部分，个体生命于是成了黑暗的承担者，或竟至于黑暗本身。《野草》有两组词：人与兽，友与仇，爱与不爱，生与死，形与影，梦与醒，过去与未来，等等。它们不可分割地共同构成为一种关系，一种境遇，一种选择，概括起来就是：绝望与反抗。

绝望之为虚妄，正与希望相同。

匈牙利诗人裴多菲的诗句多次为鲁迅所称引，不妨看作是《野草》全书的大纲，倘置换为鲁迅自己的说法，则是：

> 于浩歌狂热之际中寒，于天上看见深渊。于一切眼中看见无所有；于无所希望中得救。

鲁迅毫不讳言在他看来乃是实有的黑暗与虚无，却又认为，不是没有可能从反抗中得救。希望在这里被悬置起来了，反抗成了唯一可把握的现实。反抗若从外部看，或许是快意的，如《这样的战士》，有一种热情昂扬的调子。但是，更多的是一种挣扎，带着时间的重负和精神的创伤，如著名的《过客》，它有着加缪的《西西绪斯神话》一般的意涵，却显得更加悲壮。如《复仇》，如《颓败线的颤动》，如《死后》，在报复中一样有着内心撕裂的痛楚。当作者专注于自我解剖时，那敞开的深渊般的黑暗，无疑地更为惊心动魄。《影的告别》、《求乞者》、《墓碣文》等样的文字占去全书大半，鲁迅虽谦称为"废弛的地狱边沿的惨白色小花"，却大可以移用雨果形容波特莱尔的话来说："创造了一种新的战栗。"在作绝望的抗战中，斗争的双方并非是一个战胜另一个，而是永远的缠斗不休。存在者要自由的生存，就不可能逃避斗争，一如不能逃避黑暗。鲁迅一面揭示生存的荒诞与生命的幽黯，一面依然抱着充沛的人文主义激情，这是他高出许多存在主义者的地方。他说，他的哲学都包括在《野草》里面。这是一个自承为"奴隶"者的哲学，与一般的自由哲学家的哲学是很不一样的。

哲理性，即思与诗的结合，是《野草》的一大特点。它通过大量的象征，画面切割，即时场景的设置去表现，也有直接诉诸于一种箴言式的话语的。而象征，又往往经由梦境的创造进行。《野草》23篇有9篇写到梦境，好梦如《好的故事》，恶梦如《墓碣文》，作者一面沉浸其中，一面又力求摆脱。我们都生活在弗洛伊德说的露出海面的冰山之上，作者则经常潜入海底，明显地比我们多出一个世界，多出另一层冲突。读者可以在梦幻中思考它精确而又众多的歧义，摸索它同现实的对应性联系，探测作者的灵魂的深度。

《野草》的语言风格也很有特色。激越、明快、泼刺、温润，它都具有；但是更多的是深沉悲抑，迂回曲折，神秘幽深。作者表现的主要是一种悲剧性情绪，它源自生命深处，许多奇幻的想象，其实都是由此派生而来，因此，最富含热情的语言也都留有寒冷的气息，恰如冰的火，火的冰。《死火》中描写死火："一切青白冰上，却有红影无数，纤结如珊瑚网。"《野草》的语言，正是那青白背景上的无数张开而又纠结在一起的红艳的珊瑚枝。

作为一部灵魂书，《野草》开辟的境界，在中国的精神史和文学史上，堪称"前无古人，后无来者"；并置于同时产生的如艾略特的《荒原》等西方现代文学经典之列，一样卓然不凡。

诗：旧瓶装新酒

作为诗人，鲁迅新诗旧诗都做过。从当时寥落的诗坛来看，鲁迅的新诗是有着自己的创造的，朱自清对此有过公允的总结。可是，除了后来几首讽刺诗以外，他不再写作新诗。因此，说到鲁迅的诗，实际上说的还是他的旧体诗。

鲁迅的旧诗写作有两种情形：一是有不能已于言者，非言说不可，如集中的悼亡诗。二是应友人索墨而作，用他的话说是"偶尔玩玩而已"。比起小说杂文，写诗于他不过余事。他说他是"不喜欢做新诗的"，"但也不喜欢做古诗"；开始时，并不曾起意编入集中，这是的确的。然而，就在这样的诗作当中，仍然可以随处看到他作为一名思想战士的丰神。

鲁迅的旧诗，首次由友人杨霁云编入《集外集》内。集子送审时，文章被抽掉而保留了旧诗，鲁迅写信给编者说："《集外集》止抽去十篇，诚为'天恩高厚'，但旧诗如此明白，却一首也不删，则终不免'呆鸟'之讥。"所谓"明白"，就是指诗中的讥评时政的内容。如集内的《送O.E.君携兰归国》、《无题·大野多钩棘》、《湘灵歌》、《无题·洞庭木落楚天高》、《二十二年元旦》、《悼丁君》等，对于政府的专制高压，剪除异己，荼毒生灵，践踏文坛，抗议是明白的。后来收入《集外集拾遗》的，还有《赠邬其山》、《无题二首·大江日夜向东流》、《无题·血沃中原肥劲草》、《赠画师》等，暴露自"清党"开始的系列血腥镇压的事实，直指南京政府，态度可谓激烈。其余诸篇亦系感时忧世之作，总之是明明白白表示不满的。

这些诗作由于有感而发，并非为了发表，所以，能够在一种自然状态中体现其固有的美学品格。鲁迅在文化观念上无疑是一个全面反传统的人，但是在审美方面，却是传统文化的优秀的继承者。他喜欢汉代石刻，明代版画，写文章喜欢夹带一些古字而不肯随俗，因为喜欢骈体文以致在文中也用了许多对偶句子，连书名也做出对子来，像《呐喊》对《彷徨》，《三闲集》对《二心集》，《伪自由书》对《准风月谈》之类。写旧诗大概也可以算得是他的一种不忍抛舍的积习罢，不过，以律绝短小的篇幅，抒一时的愤懑，除了内在生命的必需之外，论文字的经济，实在是一件合算的事。

旧诗作为一种文体，早经获得它绝对的完成性。鲁迅说诗至唐代已经做完，就是这个意思。那么，他既利用这种旧形式，又将如何翻得出如来的掌心？

一是内容的突破。五四以后，许多新文学家"勒马回缰作旧诗"，都没有像鲁迅这样集中于政治的。他喜爱的诗人屈原和杜甫，写的都是政治诗，但是，所谓“荃不察余之中情兮”，所谓“致君尧舜上”，都无非在忠君的范围内打转，“而反抗挑战，则终其篇未能见”。鲁迅的旧诗，“立意在反抗，指归在动作”，是自千年以降从未有过的一种“摩罗”精神。二是风格的多样统一。鲁迅在旧诗形式中采用近体，近体在唐代萌蘖出来便随即成熟，特点是不长于叙事而善于抒情。其中杜甫和李商隐是诗路不同的两位作家，后代无人可以逾越。鲁迅的《哀范君三章》、《无题·大野多钩棘》、《亥年残秋偶作》，苍凉沉郁，是典型的老杜风，又《送O.E.携兰归国》、《偶成》、《悼丁君》、《秋夜有感》，清丽绵密，则明显是小李风格。二者兼而有之的颇不少，还有别具风格者，澹荡如《送增田涉君归国》、诙谐如《自嘲》、放纵如《悼杨铨》，都是随意剪裁。至于“怒向刀丛觅小诗”，“但见奔星劲有声”，“于无声处听惊雷”一类，则无论如何是鲁迅所独有的了。

在古诗源中，鲁迅多取典于《离骚》，返顾高丘，哀其无女，是不同时代的清醒者的傲岸，悲愤与寂寞。屈原的“芳草美人”的象征手法，是他所常用的。李贺被认为是屈原的传人，也是他喜欢的诗人，周作人甚至怀疑他爱读安特莱夫也与李贺有关。在李贺身上，他吸取的是近于唯美主义的怪异的想象色彩。集中的《湘灵歌》，便是最突出的李贺式作品。但是，他更多的是把屈原的骚体和李贺的古歌行中的美学元素融入近体中来，使之更富含古典的意味。许寿裳对他的旧诗有很高的评价，说是作诗“虽不过是他的余事，偶尔为之，可是意境和音节，无不讲究，工夫深厚，自成风格”。即便在思想内容方面要求很现代，他也不愿意作美学的牺牲；且看他虽然有个别谐谑的诗章，在总体风格上，也仍然保持着一种严整的、蓄势的、暗示的姿式，而不像后来的散宜生诗一味的“打油”到底。

新文学家作旧诗，往往不是沾带了过多的名士气，即一味的“旧”，便是不惜稀释为大白话，做“大众的新帮闲”，美其名曰“革新”。鲁迅说过：“旧瓶可以装新酒，新瓶也可以装旧酒。”许多新人的旧诗，其实大抵是用了旧瓶装的旧酒，许多看起来新，其实仍然是旧。唯鲁迅用旧瓶装了最新的酒，且是“家酿”；且细心拭擦旧瓶，使之焕发昔日的永在的光辉，一如济慈《希腊古瓮颂》里所颂赞的那样。

序跋：书边的事实与精神

古来序跋是一种文体，现代的理论家则把它们划归散文的范围。虽然，它们能像其他散文一样写人状物，叙事抒情，但毕竟与书人书事有关。

在鲁迅全集中，序跋的篇目颇不少。其中除了为自己的著作，以及亲自编校的古籍和译作做的说明之外，还包括评骘的文字。古籍的序跋比较简略，没有太多的发挥，基本上属于学术性质。译文的序跋却很可注意。因为多少带有文化比较的意义，以异域作参照来批判本国的社会和文学，算得上是比较集中的。

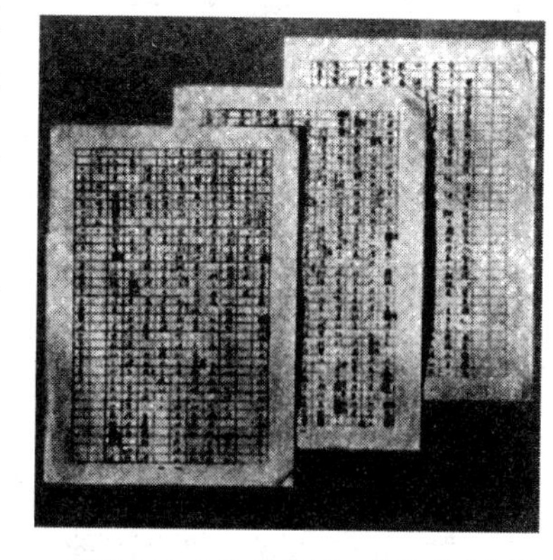
鲁迅为友人作的最后一篇序文《曹靖华译〈苏联作家七人集〉序》。

关于译事，从开始的时候起，鲁迅就抱着“拿来主义”的态度，希图借此改造中国的

鲁迅所译的《域外小说集》。

“我们在日本留学时候，有一种茫漠的希望：以为文艺是可以转移性情，改造社会的。因为这意见，便自然而然的想到介绍外国新文学这一件事。但做这事业，一要学问，二要同志，三要工夫，四要资本，五要读者。第五样逆料不得，上四样在我们却几乎全无；于是又自然而然的只能小本经营，姑且尝试，这结果便是译印‘域外小说集’。”

——引自鲁迅：《域外小说集序》

国民根性，思想和文学；此外，还有一个目的，如他后来所说，是盗“天火”来“煮自己的肉”。早期翻译《月界旅行》，旨在破除迷信思想；翻译《域外小说集》，则在提供文学范本，这些都在序文中写明白了的。20年代译阿尔志跋绥夫的小说《工人绥惠略夫》，译厨川白村的短评集《出了象牙之塔》，译武者小路实笃的剧本《一个青年的梦》，用意都在于疗救许多中国旧思想的痼疾。他特别欣赏厨川对本国的缺点施以猛烈抨击的态度。在《出了象牙之塔》的后记中写道：“日本能有今日，因为旧物很少，执着也就不深，时势一移，蜕变极易，在任何时候，都能适合于生存。不像幸存的古国，恃着固有而陈旧的文明，害得一切硬化，终于要走到灭亡的路。中国倘不彻底地改革，运命总还是日本长久，这是我所相信的。”从20年代后期起，他翻译了不少苏联“同路人”作家的作品，大部头的文艺论著，还有关于文艺政策的小册子。由于他痛感中国“革命文学家”的极左理论的破坏性，当左翼文艺勃兴之际，他不能不从中国现实斗争的需要出发，寻求科学理论。然而，他并没有像一些教条主义者那样，把某些党派理论奉作“圣经”，却习惯把正反双方的理论比照译出，而且在序文或附记中，还能不时看到他的独立的批评。

知识分子的势利是不可容忍的。在翻译界，大家向来看重文学大国、文学大师、文学经典，欧美文学作品大量地被译成汉语，其他国家的文学状况则罕为人知，这是一个事实。鲁迅着重翻译俄国以及东北欧一些小国的作品，完全的反其道而行之。他公开说："我是向来不想译世界上已有定评的杰作，附以不朽的。"在这里，译者固然有以被压迫的共同语境来启发国人的意思，而通过翻译，为弱民族伸张正义也是的确的。反势利即是反潮流，这需要翻译家特别的眼光和胆魄。鲁迅在爱罗先珂作品的附记里明白写道："广大哉诗人的眼泪，我爱这攻击别国的'撒提'之幼稚的俄国盲人埃罗先珂，实在远过于赞美本国的'撒提'，受过诺贝尔奖金的印度诗人泰戈尔；我诅咒美而有毒的曼陀罗花。"世上有几个人能够说这种话呢？

鲁迅为人作序，是非憎爱十分鲜明。作序的大约包括这样两种人的书：一是死者，一是青年。对于有为的青年的书，他反复强调文艺与时代的关系，称许他们在作品中表现出来的勇敢实践的精神。对于已故的革命者的书，如李大钊，他虽然认为作为理论"未必精当"，却热情赞扬说是"先驱者的遗产，革命史上的丰碑"；如殷夫，他完全撇开诗艺而从诗人的主体性，从诗的主题和内容出发，发掘诗作的"别一种意义"，使之提升到中国社会改革和文学建设的层面作深度阐释。他由来主张，人是先于作品的。

至于个人著作的出版，鲁迅大抵给加写一篇序跋之类，这是他喜欢做的，他常常在序跋中述说个人的境遇，包括成书前后的情形，或者借此释愤抒情，像《〈呐喊〉自序》、《写在〈坟〉后面》一样寂寞悲哀的文字，在他的杂文集中是较为少见的，因此，很可以通过这类序跋，寻绎他在生活、写作和与此相关的精神迁变的真实轨迹。《伪自由书》、《准风月谈》、《且介亭杂文二集》的后记都写得很长，很特别，几乎全是由报章有关书报检查的消息或是造谣中伤的文字拼贴而成。鲁迅多次说到要保存“中国文网史上极有价值的故实”，大约这就算得是“立此存照”了罢。他曾经说：“我的杂文，所写的常是一鼻，一嘴，一毛，但合起来，已几乎是或一形象的全体，不加什么也过得去的了。但画上一条尾巴，却见得更为完全。”可见，序跋是他整体杂文写作中的一个有机的部分。

序跋本来依附书籍而存在，鲁迅却能统摄全书的神魂而赋予它们很大的独立性，不即不离，若即若离，反客为主，挥洒自如，具有很高的审美价值。在他那里，并不存在文式的等级差别，每作一文，无论大小，从来箭不虚发。

书信：在盔甲背后

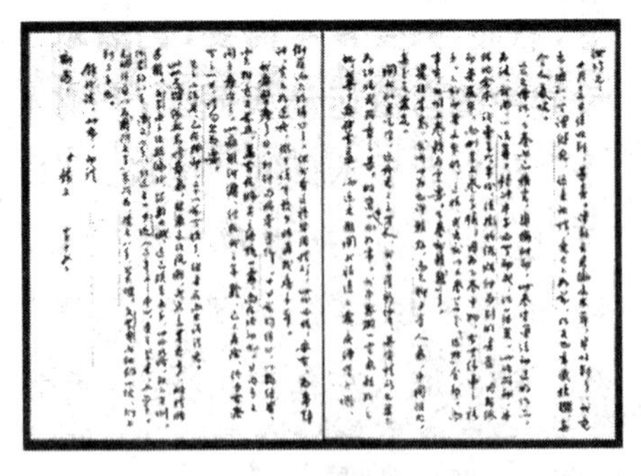

鲁迅的一生，共写了5600多封书信（据有记载的）。这是他写给友人的最后一封信。

作为一种文体，书信有它的特殊性；正如日记一样，带有一种隐私性质，能够较为真实地反映作者的生存状态，尤其是精神方面。就拿鲁迅的书信来说，其中有部分内容，在别的文体中便很难见到，例如对人际关系的态度，对于“左联”的态度，等等。因此，这些书信不但富于文学价值，而且具有文献价值；透过它们，可以进一步窥探历史幕后的文化运动的秘密。

鲁迅有一部公开的书信集，就是《两地书》。这是他同学生和爱人许广平的通信，出版时，并没有作什么改动，事实上，情书中的公共空间明显地大于私人空间。如果仅就私人空间观察作者的思想和情感变化，也是很有意思的。开始时，他出于师道，因应学生的提问给出诚实而又“世故”的答案，却拒绝以“导师”自居；当爱情关系确定之后，又不免瞻前顾后，不愿相爱的人为自己做牺牲；及至爱人表示牺牲的决心而给他“一条光”时，终于欣喜地表示“我可以爱”，又说是“置首一人之足下，甘心十倍于戴王冠”；沪上同居不久即北上省母，小别期间的那种眷顾体贴之情，真可谓极尽人间的温柔，展现了一个战士丰饶的精神生活和美好的人性内容。

对于兄弟，他是关怀备至的。周作人同他决裂之后，他仍然注意收集有关周作人的信息，尤其在日本侵华之后。他不满于周作人在政治上的退守，但是当左翼青年群起批判周作人的自寿诗时，却有辩护之意，先后在信中指出：自寿诗“诚有讽世之意”，“还藏一些对于现状的不平的”，并且反对趋同当局“卸责于清流或舆论”的做法。至于交友之道，他自己概括起来是“取其大而舍其小”，即注重大节。他是十分珍重友情的，在信中颇以一生能有几个朋友自慰；即便有朋友分道扬镳，也仍能以朋友的事业为念，如对林语堂，他在致曹聚仁信中说：“语堂是我的老朋友，我应以朋友待之，当《人间世》还未出世，《论语》已很无聊时，曾经竭了我的诚意，写一封信，劝他放弃这玩意儿，我并不主张他去革命，拼死，只劝他译些英国文学名作，以他的英文程度，不但于今有用，在将来恐怕也有用的。他回我的信是说，这些事等他老了再说。这时我才悟到我的意见，在语堂看来是暮气，但我至今还自信是良言，要他于中国有益，要他在中国存留，并非要他消灭。”如此念旧之情，感人实深。

由于鲁迅时时虑及中国的前途，所以，也便有了他同青年的广泛交往。他的书信大部分是写给青年的；而毕生的命运，可以说都与青年密切相关。他在信中说过，青年对他是可利用时则竭力利用，可打击时则竭力打击，悲愤之极时，还有过“退避”之意，然而，只要青年需要，仍然乐于被利用。30年代初，他参加发起中国自由运动大同盟；当时有议论说他是做人踏脚的“梯子”，他对此表示认同。他说：“中国之可作梯子者，其实除我之外，也无几了。所以我十年以来，帮未名社，帮狂飚社，帮朝花社，而无不或失败，或受欺，但愿有英俊出于中国之心，终于未死。”随后加入左翼作家联盟，同出于这种甘作牺牲的动机。

鲁迅与“左联”的关系，由来是一段夹缠不清的历史，有人加以歪曲的利用，有人则利用它再行歪曲。其实，略一翻查此间的书信，或进或退，为敌为友，界限是分明的。从1934年下半年起，他的书信开始不断出现“悲愤”一类字眼，见得出心情明显转坏。其中一个原因，是当局政治文化高压手段的加强，另一个原因是“左联”内部出现集权主义与宗派主义的倾向。他信里说是“横站着作战”，处境的艰困可想而知。对于党团书记周扬等，他称之为“元帅”、“工头”、“奴隶总管”，是极度憎恶的，然而，为了不使亲者痛而仇者快，只好采取隐忍的态度。1935年4月，他在给“左联”之外的两位青年作家写信时，再次以受伤的野兽自喻，袒露了“令人寒心而且灰心”的难堪局面。他一再退让，临到最后起而反抗，可谓“逼上梁山”。值得指出的是，他的

“营垒中的反抗”，在中国现代知识分子中具有“原型”性质，富于启示的意义。但是，这一意义长期遭到涂改和掩饰，至今仍然没有充分地给显示出来。

即便如此，鲁迅无论生前死后仍然被攻击为褊狭、忮刻、险恶，有“党见”，有“领袖欲”，“要做偶像”，等等。鲁迅根本不想做什么“盟主”，不要任何“纸糊的假冠”，对于自己，唯是争取独立自由的生存而已。他的关于辞谢诺贝尔奖金候选人提名的书信是大家所熟知的，他说他“不配”，“还是照旧的没有名誉而穷之为好”。对于一位朋友要他做传的建议，他明确答复说，他是不写自传也不热心于别人给他作传的，又说倘使像他这样平凡的人也可做传，中国将一下子有四万万部传记，可以塞破图书馆。如果说，鲁迅书信有一种特别的力量，首先是人格魅力。如此伟大、健全的人格，通过书信的表现，明显要比别样的文体来得直接而鲜明。

此外，就是语言魅力。鲁迅的书信语言很有特点：简约，凝重，柔韧，在白话文自由舒展、明白晓畅的基础上，着意保留古代散文的节奏音韵之美。这种味道十足的风格化语言在别的作家那里是没有的，比较鲁迅的其他文字，也都非常独特。

也谈假如鲁迅还活着

书稿校改完毕，翻开当日的《南方周末》，恰好见到黄宗英回忆毛泽东与罗稷南对话的文章。

1957年7月。“反右”运动风云初起。

7日晚上，毛泽东在上海中苏友好大厦接见上海文教工商界代表人士，并举行座谈。席间，翻译家罗稷南向毛泽东发问：“主席，要是鲁迅今天还活着，他会怎么样？”“鲁迅么——”毛泽东略微动了动身子，爽朗地答道：“要么被关在牢里继续写他的，要么一句话也不说。”

文中所载，最早见于周海婴的《我与鲁迅七十年》一书，文字略有出入，对话内容是一致的。但不久，这段故实即为学者所否认，以为证据不足。而今，“现场”中人站出来说话了，何如？然而事实又开出了另外的难题：果真如此，应当如何解释毛泽东关于鲁迅的前后论述的矛盾性？如何确定鲁迅在中国政治革命中的基本立场？

对于鲁迅，毛泽东从来是既有赞扬，也有批评的。抽象的赞扬如著名的《新民主主义论》中的“文化英雄”和“三个家”的论断，鲁迅逝世周年在延安做的新“圣人”的演讲；具体的有论鲁迅的晚期杂文、《阿Q正传》、《自嘲》诗等。毛泽东横空出世，雄视古今，从未如此高度评价一个人，因此很自然地被一些大学者和小丈夫当作“神化”鲁迅的滥觞。对鲁迅的批评相当婉曲，如宣告“鲁迅的杂文时代”已经过去的讲话，通过对鲁迅杂文所作的时间性规限，实质上否定批判的普遍意义；也有明白批判的，在给周扬的信中，就指鲁迅对中国农民革命缺乏认识。由于批判性意见不多，流布范围较小，所以不曾引起大家的注意，只记得鲁迅称说的那类“阳面大义”的赞誉之辞。其实，在毛泽东那里，鲁迅的精神遗产以其固有的价值，已然被转化为一种文化资本。这样的资本，同样可以垄断，可以流通，可以随机利用。所谓“团结，利用，改造”，毛泽东对鲁迅的态度，与他对待广大知识分子的态度是一脉相承的。至于“毛罗对话”中的意见，相对而言应当算得是“私见”，令人震惊的是，这私见却被毛泽东本人公开了。

毛泽东何以在这时公开他的私见？是否出于一种文化策略的考虑，即所谓的“阳谋”？对此可以存而不论。重要的是，毛泽东这个适时公开的私见，是早已形成的成熟的看法呢，抑或率尔作出的错误的判断？这里涉及一个如何理解鲁迅的政治哲学的问题。

我认为，毛泽东的判断是准确的。他的判断包含了这样几层意思：一，无论是新政权还是旧政权，对于权力，鲁迅始终怀有个人主义的反抗；二，鲁迅对强制性的政治思想运动是反对的；三，鲁迅的反抗方式只能是写作，一旦停止写作便一无所有；四，鲁迅是不妥协的，自然无产阶级专政的铁拳也是不妥协的。早在20世纪20年代，鲁迅便做过一个题为《文艺与政治的歧途》的演讲，从政治文化学的角度，揭示了政治家和文艺家的冲突的必然性；40年代，在延安一度“挂帅”的王实味也写过题作《政治家·文艺家》的杂文，明显地搬用鲁迅的观点。凡这些，毛泽东是清楚的。他的关于知识分子“两重性”的论述，就不仅来源于马列主义的经典，而且来源于中国的历史教训，以及他个人的人生阅历和斗争经验。他深知，像鲁迅一样的知识分子，本身含有反利用的成分。对于知识、观念形态的东西，他不抱信任的态度，对它们的工具性一直保持警惕；他认为，那是可以超越阶级和时代的界限，既能为革命所利用，也能为反革命所利用的。

在鲁迅的思想人格的深层结构中，我们观察到，真理、权力、自我三者形成怎样一种互动的关系。而权力，确实是居间最活跃的因素。对于权力，鲁迅同福柯的看法有相似之处，即认为它无所不在，具有很强的渗透性。权力可以通过话语进入真理，使真理异化或失效，思想的意识形态就是明显的例证。对鲁迅来说，真理不可能是超验的实在；它是一团活火，通过对权力——首选是话语权——的对抗，同时通过自我关怀、自我证实与自我反思，进入道德主体并有助于自身的完善。人类的真理说到底是个人的真理，与人类主体性息息相关，所谓“根柢在人”，是认知与伦理的叠合。可注意的是，鲁迅自青年时代说过“悲真理之匿耀”的话以后，不复提及“真理”，甚至公然嘲笑“公理”、“大义”之类。他是坚持真理性而反对真理话语的。

政治权力无疑是多元权力的核心。当鲁迅以真理——“人”——的尺度审视国家的政治制度和权力机构时，他不能不一再陷入绝望之中。虽然他呼唤先觉战士的产生，自己却是后知后觉，所以不断有着蒙受“革命”的威吓和欺骗的记录；但也因此得以确认自己的“奴隶”身份。事实可以校正真理。现代奴隶的存在就是一个真理。鲁迅以权力划界，将社会分出权力者和无权者两部分，又以自由划界，将无权者分成奴隶和奴才。对于权力者，他是对立的，挑战反抗的。他的反抗立足于自我，是个人性的，即时介入斗争的集体，也常常与组织——形成新的权力中心——相冲突。在他那里，权力总是呈强势的，控制的，压迫性的，尤其是国家的权力。为此，他决不希图通过国家代理的方式，利用权势者实现自己的理念；他的理念，其实也是属于社会而非国家的。也正是他作为公共知识分子与胡适等智囊知识分子不同的地方。

在中国，发端于19世纪末而盛行于20世纪初的无政府主义思潮有两个思想成果：其一是宣扬个人自由与个体自治；其二，提出并实行以个人为起点的社会革命与文化革命。五四新文化运动接纳了这两个成果，在某种意义上，也可以说运动是这一激进思潮的产物。后来运动转向了，队伍分化了，或者高升，或者退隐，或者作新的聚合，这些都可以视作权力关系的变化；但是，权力的性质并没有发生任何改变。鲁迅这个堂吉诃德，依然坚持自己的选择，以个人的方式推进思想革命。在思想文化层面上进行的社会革命，是对政治权力的根本性消解，但是，由于目标过于远大，又是独立进行，故而在短时期内看起来简直近于无效。学者指责鲁迅只有破坏而无建设，倘从国家权力中心的观点——“国家的理性”——看问题，自然是不无道理的。

知识分子的实质地位如何？无权者而已。从大清帝国到国民党的“党国”，从随随便便杀人到书报审查制度，知识分子的生存空间极其有限，唯靠个人的自由的抗争。对此，鲁迅是清醒的，准备充分的，所以称作“绝望的抗战”。他不但反对专制统治，也反对“奉旨革命”，临到最后，还夺“元帅”的“鞭子”，拒绝进入“统一”的“天罗地网”。一般而言，个人自由与社会责任是冲突的，鲁迅却很特别，社会责任直接体现在自由选择上面。在黑暗王国里，反抗即责任，何况为社会而反抗。

毛泽东在回答罗稷南的问题时，异常尖锐地指出鲁迅身上的突出的存在：个人主义与自由意志。其实在此，他已经有力地触及了个人行为背后的隐形结构。然而，鲁迅的自由-权力哲学长期成为禁区，即使有人论及，也都十分薄弱。而今，毛泽东以猜想的形式打破了这个禁区。我们发现，在科学研究中，猜想可能比实证准确。

1984年,“清除精神污染”运动刚过,即着手写作这部鲁迅传记,完成已是1989年。整个80年代中后期,我同时生活在两个世界——现实世界和鲁迅世界——中间,感受是深切的。传记的框架,也就是鲁迅的人间性,就在真理、权力、自我三者的互动关系上展开,自由与权力构成基本的内在张力。90年代的空气很祥和,鲁迅的话题似乎颇吵闹;差堪告慰的是,至今翻检旧作,仍然觉得没有什么特别需要增添的,也没有太多的东西需要删汰。而这,正好是自己多年不见长进的根据,很教人汗颜的。

传记从写成到一版再版,深获李士非、岑桑、尚钧鹏诸先生的关怀与帮助;出版之后,又获专家与杂家的不少溢美之辞,尤其是辗转传来的无名青年的书信和电话,使我长怀感谢而且不安。安徽教育出版社唐元明先生诚邀再版,除了认真修订,言辞的答谢实属多余。

是鲁迅把我和众多相识或不相识的人们联系到了一起。由是,我再次被告知:一个人的力量有如此伟大!

(注:此文是作者为其著作《人间鲁迅》修订版而作的后记,有删节,标题为编者所加。)

五四、鲁迅与胡适

李慎之先生：

拜读过《中国的道路》，以及近年来先生的一些大作，得知先生如此高龄，仍在社会思想领域里作艰难的探索和启蒙工作，实深感佩！

顷接今年第五期《书屋》杂志，即将先生给舒芜先生的信读完，文中谈五四，谈启蒙，谈鲁迅与胡适，结合个人经验道来，尤足启发来者。先生的论题均是大问题，其中有些我亦曾思考过，与先生颇出入，今不揣谫陋写出就教于先生；因先生是公开刊布的，故不另付邮，权当公开信发表。冒渎之处，乞希鉴谅。

一、首先是五四精神，抑或从“个性解放”说起。

我同意先生说的“个性解放”是五四精神的一个部分，五四运动作为一个精神运动来看，前前后后确乎有着更为丰富的意义，但是，它无疑是最基本的部分。什么叫“个性解放”呢？蒋梦麟写过一篇《个性主义与个人主义》，称个性解放为个性主义，其实与个人主义是同一个东西，只是前者多表现在文化教育方面，后者则表现在社会国家方面，都是以个人价值为本位的。这是“以平民主义为标准之个人主义”，要旨是“国家社会有戕贼个人者，个人将以推翻而重组之”。对此，五四的代表人物是有共识的。陈独秀在比较东西民族的思想差异时说，“西洋民族自古迄今，彻头彻尾个人主义之民族也。”对于个人主义，他的阐释是：“举一切伦理，道德，政治，法律，社会之向往，国家之所祈求，拥护个人之自由权利与幸福而已。思想言论之自由，谋个性之发展也。法律之前，人人平等也。个人之自由权利，载诸宪章，国法不得而剥夺之，所谓人权是也。人权者，成人以往，自非奴隶，悉享此权，无有差别，此纯粹个人主义之大精神也。”看得出来，陈独秀并没有像先生那样，把个人主义从民主、法治、自由主义那里分开，恰恰相反，在意涵方面，它与后者是有密切联系的。胡适提倡易卜生主义是有名的。在文章中，他把这位挪威戏剧哲学家称作“最可代表19世纪欧洲的个人主义的精华”。倾向社会主义的李大钊，同样反对“压服一切个性的活动”，倡言“真正合理的社会主义，没有不顾及个人自由的”。五四活跃一时的无政府主义者更不用说了。而鲁迅，早于1907年，便撰《文化偏至论》，标举先觉善斗之士，力疾鼓吹个人主义。他认为，欧美之强，根柢在人，说是“首在立人，人立而后凡事举；若其道术，乃必尊个性而张精神”。至于《摩罗诗力说》，则把诗作为人类内在精神的一种象征性形式，仍属意在个体反抗；在一片顺世和乐之音中，可谓不同凡响。鲁迅一生所坚持的“思想革命”，即先生说的“启蒙”，便发端于此。总之，个性解放，个人主义，乃是“五四”的灵魂。正因为“自觉至，个性张”，才能一时间产生那样蓬蓬勃勃的，至今被我们视为启蒙旗帜的知识分子的自治运动。当时的知识分子，几乎无不以“个人”解构家族，解构国家，解构传统观念，风俗习惯；一旦消除了个人的自觉意识，一个群体，一场运动，只是一群如古斯塔夫·勒庞所称的“乌合之众”而已。事实上，转眼之间，历史便开始轮流上演一类万喙息响的哑剧，一类乱糟糟的闹剧，如此一直拖完了将近一个世纪。

20年代中期，郭沫若、瞿秋白等一群青年共产党人便开始批判个人主义，而蒋介石和他的御用文人们则极力宣扬国家主义、集权主义，“一个主义，一个政党，一个领袖”，并以此否定个人主义和自由主义。陈独秀组党了，胡适入阁了，只余一个鲁迅——自称他的思想是个人主义与人道主义相消长——荷戟彷徨复呐喊。中国没有个人主义的立锥之地。正因为这样，才有了后来的如先生所说的“大的意志”。从思想史的方面看，可以说，五四精神的沦亡也就是个人主义的沦亡。

其次想说的是：“斗争”何以成为问题？

现今的知识界，好像谁都把可恶的“斗争”同鲁迅联系起来，连先生也如此；甚至因为鲁迅主张“打落水狗”，便说“不免为先生盛德之累”，实在很使我感到意外。斗争在鲁迅这里，从来是以小对大，以弱对强，与权势者自上而下，以强凌弱，以众凌寡的所谓“批判”或“斗争”是大两样的。话语这东西，如果真的不经分析便可以混淆黑白的话，那么对于鲁迅的斗争，则应当换成另一个语词，就是“反抗”。这种基于自由意志的个体反抗，居然有人拿它比附20世纪60年代的红卫兵运动或别的“痞子运动”，真是匪夷所思。

在过往的人为的阶级斗争和政治运动里，确实“树立”过不少斗争的英雄典型；但是，在此期间，不也出现了像张志新、遇罗克一样的人物吗？谁可以否认他们曾经同恶势力作过斗争这一事实呢？连先生大为称颂的顾准，其实也都是在暗暗地作着斗争过来的。鲁迅说：“人被压迫了，为什么不斗争？”我以为，这是千真万确的。见到“斗争”的字眼，便感到恐惧，或厌憎到要呕吐，除非把自己置于如鲁迅说的那类“万劫不复的奴才”的地位里去；不然，只能说明了我们从来未曾像鲁迅，或像张志新，遇罗克、顾准们那样斗争过，只是一味挨“斗争”而已。

与此相关的是“宽容”问题。先生在信中高度评价宽容精神，其实，从伏尔泰、洛克以来，“宽容”一词，都是针对政治和宗教迫害而发的，而且主要是针对国家权力和集团势力而发的。对于无权者个人，免受损害还来不及，如何可能形成“霸权话语”而要求他“宽容”呢？伏尔泰在著名的《哲学辞典》中撰写过“宽容”的条目，还专门写过一本题名《论宽容》的书，他就认为，宽容精神是有原则的。在著作中，这个主张宽容的人经常使用一个词，就是“败类”；有意思的是，有一个时期在给朋友的信中，最后都要写上一个口号样的短语：“消灭败类”。一望而知，“消灭”一词是很不“宽容”的，然而，正是终生对“败类”所作的不妥协的斗争，使伏尔泰成为“欧洲的良心”。至于鲁迅，在先生看来是太缺少宽容精神——谢泳先生称之为“民主风度”——的了。先生例举的“打落水狗”一说，出于鲁迅的《论“费厄泼赖”应该缓行》一篇；在整本杂文集《坟》里，恰恰这是作者自己最看重的文章。这缘由，或者正如他所说：“因为这虽然不是我的血所写，却是见了我的同辈和比我年幼的青年们的血而写的。”其中说的“落水狗”，比喻的是“反改革者”，而且是咬人、咬死人的“反改革者”，明显比伏尔泰的“败类”还要败类。文章的“结末”实在太好，太精警，而且已经回答了好像作者早已料到的关于不宽容的诘难似的问题，先生不妨多读几遍。为了免劳翻检，今一并抄在这里：“或者要疑我上文所言，会激起新旧，或什么两派之争，使恶感更深，或相持更烈罢。但我敢断言，反改革者对于改革者的毒害，向来就并未放松过，手段的厉害也已经无以复加了。只有改革者却还在睡梦里，总是吃亏，因而中国也总是没有改革，自此以后，是应该改换些态度和方法的。”果然，文章发表以后两个月，“三一八”惨案便发生了。眼见北京政府枪杀了大批请愿的学生，主张“费厄泼赖”的林语堂随即撰文表示收回他的看法，也就是说，不再“宽容”了，并且对鲁迅表示大佩服。可惜后来的人，把这段故事连同刘和珍们的血全给忘记了！

三、相关的还有革命问题。

先生称：“鲁迅倾心革命，胡适倾心改良”，这个概括大抵上是不错的。

不过，首先得弄清楚的是，革命在鲁迅那里是什么意思？他说过："'革命'是并不稀奇的，唯其有了它，社会才会改革，人类才会进步，能从原虫到人类，从野蛮到文明，就因为没有一刻不在革命。"显然，鲁迅的革命观，是包括了先生说的改良在内的，所以他又有"大革命"和"小革命"的说法，小革命即指渐进式的改革。但是，当世上的人们都大叫着"活不下去了"的时候，他是赞成和拥护革命的。自辛亥革命以来，他经历的太多了，只是被称作"革命"的都是假革命；就像他说的，革命前是奴隶，革命后反而成了奴隶的奴隶了。但正因为这样，他才会主张一切都得从头来过，也就是说，得有一场真正意义上的革命。他反对把革命描述为非常可怕的事，"摆着一种极左倾的凶恶的面貌，好似革命一到，一切非革命者就都得死，令人对革命只抱着恐怖"。他对革命的理解，我以为是充分的，用他本人最简洁的话来概括，就是："革命并非教人死而是教人活的。"仅仅在做革命的奴隶，还是不做奴隶而革命这一点上，便把他同胡适，以及后来以各种方式宣告"告别革命"的尊贵的学者区分开来了。

"革命"这个词，首先是资产阶级发明的，正如"自由"、"平等"、"博爱"、"人道主义"一样，理论上如此，实践上也如此。为什么要革命？因为有巴士底狱。一个如此坚牢的监狱般的社会，如果不给毁掉重建，如何可能"改良"？托克维尔著《旧制度与大革命》，明白地指出，大革命来源于旧制度，革命的规模和手段其实是早经旧制度预设好了的。所以，那个时代的人，深明革命是属于他们的自由权利，因此必须把它写进大宪章。著名的法国《人权宣言》，列述各项受保障的人权，其中之一，就是

"对压迫的反抗"。这就是革命,即洛克说的"革命的人权"。既然革命乃基本人权之一,就意味着它是天然合理的。"人民主权"理论其实说的也就是这个意思。我们可以任意谴责假"革命"之名的各种暴力性政治行为,但是对于革命本身,又有什么权利去否定它呢?

四、民主与法治。

先生特别看重"规范"的民主,"制度化"的民主,也即民主宪政。在信中,先生说这"规范"是五四所确立的,其实是不确的。五四处在礼崩乐坏的阶段,运动中没有人会考虑到给政府修宪,将民主法制化。其时的民主,意谓平等、自治,就像"科学"一样,唯是一种精神,观念,不"规范"的运动。正是在这样的民主的感召下,才有了对抗政府的行动,有了平民教育,有了"神圣劳工"的新崇拜,以及嗣后的劳工运动。知识分子以此埋葬了知识分子,这在历史上是很带戏剧性的事。那时候,"立宪政治"是受冲击、受批判的对象。陈独秀就认为,它是19世纪的过时的事物,不但不能保障人民的信仰、集会结社和言论出版"三大自由权",反而沦为"一班政客先生们争夺政权的武器"。他说:"倘立宪政治之主动地位属于政府而不属于人民,不独宪政乃一纸空文,无永久厉行之保障,且宪法上之自由权利,人民将视为不足轻重之物,而不以生命拥护之,则立宪政治之精神已完全丧失矣。是以立宪政治而不出于多数国民之自觉,多数国民之自动,唯日仰望善良政府,贤人政治,其卑屈陋劣,与奴隶之希冀主恩,小民之希冀圣君贤相施行仁政,无以异也。""共和宪政,非政府所能赐予,非一党一派人所能主持,更非一二伟人大老所能负之而趋。共和立宪而不出于多数国民之自觉与自动,皆伪共和也,伪立宪也,政治之装饰品也,与欧美各国之共和立宪绝非一物。”所以，他主张以“自由的自治的国民政治”取代立宪政治，实质上要的是先生说的“实质民主”，也即“直接民主”。这样的民主，可否实行另当别论，但至少在五四时期是一种普遍的理念。后来到了抗战期间，陈独秀提出“大众的民主革命”，反对“国社主义”及“格柏乌政治”，与五四时期的民主思想一脉相承，但毕竟未能完全脱离党派政治的理论框架；即便如此，以未脱羁囚的在野之身而言政治，挑战苏联及共产国际霸权，无论如何是可敬佩的。

“好政府主义”者的胡适，受先生推许的地方很不少，大的方面，当是在五四初期狠狠地“破”了一下以后，转到“立”的上面，即帮助国民党政府设计并实行民主宪政，慢慢“改良”。实际的情形如何呢？南京国民政府成立十多年后，在抗战时期，才在各种政治力量的促成之下，发起“宪政运动”。主持修宪工作的最高首脑，也即党的最高首脑蒋介石，这是决定一切的。经过几番折腾，各种委员会成立过了，各种会议开过了，却是无疾而终。此间的一些言议，如“结束党治”，“保障人民思想、言论、结社、出版等自由”之类，包括胡适的主张人民参政，规定政府权限等，不能说没有一定价值，就是不能实行。因为这里存在着一个为胡适们一致承认的前提，即一切通过政府。这是一个政治悖论。胡适们徒有拯救“党国”之志，其奈政府专制腐败何，结果意欲“改良”而不能，反倒愈“改”愈“劣”；等到《中华民国宪法》出台，不出三年，这政权就一命呜呼了。

也许，鲁迅确如先生所说，重“实质民主”而轻“形式民主”。但是，说到根由，却并非如先生说的那样，是出于对规范的民主缺乏认识。早在留日时代，他就在先生指为不怎么高明的那两篇文章中批判过“国会立宪”之说了，大概这与他自觉为“奴隶”

而非“公民”的角色认知有关，也与以“精神界之战士”的使命自期有关，因为他实在不是那类专家型学者或政治智囊人物，根本无须了解那样成“套”的“规范”。此外，这也跟他对政府的构成，也即国家的性质的看法有关。国民党的所谓“国民政府”，根本不是像美国那样的民选政府，而是在“清党”大屠杀之后建立起来的，靠所谓的“党军”和特务政治撑持的，完全剥夺了人民的自由民主权利的流氓政府。1927年以后，鲁迅多次论及“流氓”，看来，他是跑到民主的背后窥测和捣乱去了。在中国现代政治辞典中，“流氓政治”与“民主政治”实在是绝好的一副对子。总之，他不会与这样的政府沾边儿，“好政府”也不沾边儿。在一次讲演中，他已经表白得再清楚不过了：“偏见如此，”他说，“所以我从来不肯和政治家去说。”

五、关于知识分子，专家学者，廷臣及其他。

知识分子的分野，分化和转化问题，是一个大问题。先生对鲁迅和胡适的评价，看来主要同这个问题有关。

知识分子的定义如何，真是言人人殊，正因为如此，知识分子作为社会角色的具体规定，通过何种方式在社会上发挥作用，以及作用到底有多大，等等，也都没有划一的看法。我认同的是，所谓知识分子，首先得有相当的专业知识，他立足于自己的专业，关心专业以外的广大社会，并且以自己的理想价值，设法加以干预，批判，改造。一般而言，知识分子是不结盟的，即使参加某一个社团或组织，他也能够以固有的自由的天性，超越本阶级本集团的利益局限。但是，他无论如何不会与权势者合作，而是站在无权者一边，挑战主流社会；因此始终保持独立的身份，在言论方面，也持毫不妥协的姿态，即使在失去自由的情况下，仍然得以曲折的形式，表达个人的基本理念和良知。知识分子操使的是批判性的个人话语，他们主要通过言论，而非组织的联络，在社会上构成一个“压力集团”。在本质上，这是一种无权势者的结合，通过舆论，向权势者“叫板”。所谓知识分子的作用，就显面而言，其一就是舆论压力，以此促使或迫使权势者作出让步和改革。倘使没有舆论，甚至连言论也没有，那么压力将降至零点。但是，仅此还不能说知识分子的职能便被取消了，因为通过零散阅读，他仍然可以在社会上传播思想的星星之火。此外，还存在着一个隐面作用，就是独立人格的，道德的，审美方面的影响。先生似乎太看重知识分子在政治层面的影响，而且主要是通过政府的合法形式发挥的影响，所以会想到拿尼采和杰弗逊作比较；说到鲁迅，贬之以民主宪政的认识问题，“被利用”问题，也都是这样。其实，鲁迅的价值完全落在社会方面，即使当时的中国社会未曾形成一个知识分子集团与之呼应，也仍然无损于他的力量和作用。鲁迅的伟大是本体的伟大，是东方抵抗知识分子的典型。

与知识分子不同，专家型学者一般执著于他的专业，甚至不问政治。倘若一旦成为官员，进入决策层，那么作为知识分子或学者的角色就要发生根本性蜕变。胡适20年代闹闹别扭，30年代就从边缘进入权力中心，成为廷臣了。1931年“九一八”事变后，民族问题加剧，这时，中国的知识人、科学家和技术人员便有了一个与国民党政府进行全面合作的契机。1932年国防计划委员会的成立是一个标志，最初班子50人，都是学术界有名望的人物。至1935年，蒋介石的“人才内阁”或“行动内阁”敞开大门，以胡适为首的《独立评论》圈子内的人物纷纷入阁，基本上都做了部长或委员。这是知识分子的胜利呢，还是全面溃败呢？先生举唯一的一个证明“胡适关心的面要比鲁迅为宽”

的例子，就是40年代末，胡适出任北大校长时，曾向“当局”提出把一批研究原子物理的年轻科学家聚集到一起，研究原子科学。先生所以称道，并不在自然科学发展本身，而在此举可以增强国力，到底是廷臣的意见。就像先生说的那样，即使中国在这方面的发展 “不致落在苏联之后”又如何呢？苏联此后的结果又如何呢？在胡适的思想中，自由主义已然转向，作为廷臣，是不能不让位于国家主义的。就在陈独秀称之为“党权为重国权轻”的时候，胡适哪怕试图加强“国权”，壮大国家的力量，实际上还是稳定了“党权”；因为当时的中国乃是“党国”，这种极权主义政体的性质是不可能自动改变的。

从启蒙知识分子到一般学者再到廷臣，胡适一生的道路，在中国知识分子中间是具有一定的代表性的。传统士人便一直在廊庙与山林之间兜圈子。请允许在此抄引一段洋鬼子李普曼的话，因为我觉得借此描述胡适一类人物是最恰当不过的，他说：“把追求知识分子与行使政治权力结合在一起是不可能的；那些试图这样做的人，结果不是沦为相当恶劣的政客，就是成为冒牌的学者。”自30年代以后，胡适基本上与独裁专制的政治代表人物为伴，且以“诤臣”自许。这是胡适的喜剧，也是胡适的悲剧。知识分子角色的存在是以远离权力门槛为前提的。正因为这样，五四的一群——包括当年的胡适在内——才有了一种反叛的精神，自治的精神，破坏偶像，狂飙突进的精神。五四精神的沦亡有种种原因，来自知识分子内部的，则有胡适的背叛。因此，说胡适在五四时期是一个代表人物则可，若以他服务于国民党“一党专政”下的“民主、政治、宪政”建设为五四精神的代表则不可；说胡适一生多少保持了自由主义的一些理念则可，因为他仍然可以借此向蒋家讨价还价，若以此讨价还价为自由主义的规范则不可；若说可，也无非是中国特色的自由主义罢了。

六、关于鲁迅的“被利用”。

其实，鲁迅在生前死后都在被利用。至于先生说的“被利用”，乃专指政治人物的利用，实际上，说是“被改造”也许更确当。先生认为，鲁迅被“圣人”化的命运，他本人是脱不掉干系的。信中举了三个理由：

（一）鲁迅从来未曾以“理论的形式”提出其个人主义的主张。我不知道，个人主义思想的存在本身，是否可以为鲁迅开脱一点责任，还是非带上“理论的形式”不可？鲁迅首先是一个文学家，他的话语形态自是不同于逻辑学者的，先生这里未免强人所难。

（二）“相信苏联”。鲁迅对苏联的态度，与他对“奴隶”在新政权的地位及相关的状况的评估有关。的确，终其一生，鲁迅对苏联的态度没有根本的改变，这里有多个方面的原因，比如信息的封闭，从北洋军阀政府到南京政府的反宣传等等；但是，无庸讳言，鲁迅轻视“形式民主”，不免要给他的思考留下某些“空洞”，对首创“一党专政”政体的苏联缺少必要的警觉，或者造成觉悟的延缓，都未尝不是一个原因。但是，他对苏联的许多做法是仍然持有保留态度的。即使如此，无非说明他实在并非那类无过的“圣人”而已，那么“被封为圣人”者与非圣人之间有什么关系呢？

（三）先生指鲁迅“在和郭沫若、周扬到杨邨人这样一些人战斗的时候，自以为是同导师们的思想是一致的”，这“自以为”不知根据何在？我对鲁迅知之不多，只知道他从来是反对“乌导师”的。

七、鲁迅与胡适的留学背景。

先生为了说明胡适与鲁迅的高下，有一段说到两人的留学背景。不同国家的文化背景，在留学生那里产生不同的影响，这是一个事实。至于影响的正反深浅，关系到综合的因素，往往因人而异。先生在信中说：因为明治维新后的日本在“民主制度”方面极不成熟，所以鲁迅在那里接受的现代化思想“天然是有残缺的”；至于胡适，因为有幸留学在美国，而美国又是“天生的现代国家”，因此他“天然地站在历史的制高点上”。把一个国家的文化形态和完善程度对应于留学生的思想状况未免太简单化，倘如此，对于土生土长的本国人来说，则大可以无视其它条件，直接由所在的国家、种族来判定优劣了。

八、鲁迅有过“超越五四”的说法吗？

先生说：“鲁迅的悲剧，其实也就是超越五四的悲剧。”但先生并未引鲁迅片言只字，只引了瞿秋白的话；因为鲁迅有过“人生得一知己足矣”一联赠瞿秋白，所以在先生那里，瞿秋白的账也便成了鲁迅的账。这种逻辑推理，有点近乎“株连”。鲁迅一直慨叹“五四失精神”，可以说，他本人便是五四精神的招魂者。至于“超越”之说，于他不但未曾有过，而且简直讨厌；批评创造派的要点，便是反对“超时代”。

九、关于鲁迅被“误导”和被鲁迅“误导”。

先生引了某“研究者”的话说：“可以证实的是鲁迅后来似乎接受了组织的领导。”说到“组织”，有点语焉不详，如果指的是一般社团，鲁迅30年代就在“左联”的组织里。“左联”多有共产青年，也有党组的，鲁迅所以加入，与当时共产青年被屠杀，被缉捕，不能见容于专制政府有关，自然也与他的信仰有关。但是应当看到，这是有条件的，是一种自由选择，虽然受“导”，在他本人却是一点也不迷“误”。他的清醒、透彻，只要参阅“左联”成立的当月（1930年3月）27日致章廷谦信即可。冯雪峰、瞿秋白，确乎是鲁迅的朋友，受到他们的一些观点的影响是可能的。但是，可以肯定的是，以鲁迅的多疑和固执，要他改变自己不是一件轻易的事。事实上，他与瞿秋白、冯雪峰在许多相同的问题上，比如翻译，比如大众化，比如知识分子问题，比如统一战线，看法并不一致；而且只要一比较，总是鲁迅显得锋利、稳健，而且深刻得多。

鲁迅对“组织”这东西是一直存在戒心的，且看他对许广平信中询之以是否加入“团体”问题的答复：“这种团体，一定有范围，尚服从公决的。所以只要自己决定，如要思想自由，特立独行便不相宜。”他后来所以加入一些团体，如“左联”，又如中国自由大同盟，中国民权保障同盟，要而言之，都是为了与政府对抗的缘故，目的借个人以壮大社会反抗的力量。这类团体在构成方面并不严密，因此，他的加入是以不致损害个人的自由意志为前提的。如果个人与团体之间发生冲突，他或许有“顾全大局”而隐忍的时候，如他在信中曾经说到过的，如受伤的野兽一样，钻入林莽间舐干伤口的血迹，不让人知道；但这也是有限度的，一旦超出自设的限度，就要公开反抗了。这反抗，正是他在组织里保持的个人自由。“左联”的情况就是这样。他不能让个人屈从于所谓的“组织”，或什么“元帅”

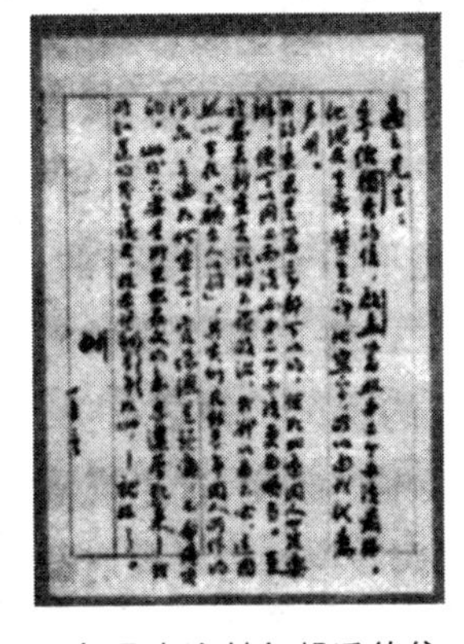

鲁迅在这封复胡适的信中，对“不谈政治”一说表示了不同意见。

之类，且看他最后的反抗——答徐懋庸的万言长文是最有代表性的反抗文本——是多么勇猛，庄严，富于道义的力量！

至于说到鲁迅“误导”别人，包括先生，大约这要同“接受主体”有关的吧？至少我相信，鲁迅不同于别的“教唆犯”，他没有说要别人相信他，相反倒是要别人不相信他，他说他没有那样给别人指明出路的本领，连对诚恳请教他的学生也如此；此外，他把他的东西写出，就像他打的比方那样，“所有的无非几个小钉，几个瓦碟”，一并摆在地摊上，任人挑拣。而先生以为合用，何以不挑这个而偏拣那个呢？

历史怎样演变可以存而不论，不过，倘使先生当年确是出于鲁迅的引导，才奋起同一个独裁专制的政府作斗争的话，我至今仍然得说，这“导”并不见得便“误”，无论对鲁迅，对先生，都很可以引为光荣的。

十、最后，说说破与立。

先生说“启蒙应当有破与立两方面的意义”，这是的确的。对于破与立，行文间虽然未曾作优劣之分，但毕竟倾向于以“立”为上。在比较鲁迅不如胡适时，先生指鲁迅主要是“破”的，而胡适则主要转到“立”的上面去便是。学界大抵也持类似的看法。其实，破与立其来有自，所司不同，彼此亦往往交互为用，不可取代。作为一种象征性符号，破与立可以作许多引申，例如：知识分子就是破的，学者和廷臣是立的。知识分子同学者廷臣一样使用共同的专业知识资源，但是通过批判，却能以社会问题激活既有的专业知识；学者和廷臣唯在积累，学者积累学问，廷臣则积累权力化的操作技术。扩而言之，社会运动也是破的，五四运动就是最大的破，而宪政建设一类则可以说是立的了。但是，社会运动——自然不同于蒋介石以

"党国"名义制造的"新生活运动"之类的政治运动和文化运动——的能量是不容低估的。先生屡次申言继承"五四精神",应当被认为是对五四作为社会批判运动的作用所做的高度估量;如果舍弃了批判,舍弃了破,在禁锢严密的传统文化面前,陌生的西方现代观念将无隙可乘,那么所谓的"五四精神"剩下的会是一些什么呢?在一定的历史场合,破比立甚至显得更为重要。

说到鲁迅的"立",先生指为"因为创造社的攻击而学得的新思潮,又因为冯雪峰与瞿秋白的介绍而向往的新世界"。但不知先生之"新"何谓?鲁迅留学时介绍19世纪后叶的"新神思宗"算不算"新思潮"?其自立的"人国"算不算"新世界"?如果"新"乃指共产主义,在中国,也非鲁迅首"立";但于接触和阅读,则要比创造社辈早得多。他确曾说过感谢创造社"挤"得他看了"几种科学底文艺论",仅此而已;也确曾说过"相信唯新兴的无产者才有将来",这也是他一贯的与"有产者"相对立的平民意识的表现,并非宗共产主义的宣言。马克思主义作为一种思想资源,正如其他主义一样,无疑丰富了鲁迅,却未曾改变鲁迅。他有他的思想。既能容纳新潮,又能抗拒时流,此之谓真正的独立的思想者。

退一万步说,即使鲁迅毫无其他的"建设性"可言,没有立,只有破,我们就能小觑这样一个中国社会的清道夫吗?在一个充斥着官僚学者聪明人奴才和大量看客的中庸而且苟且的"老大帝国"里,鲁迅的存在本身,就是最大的立。

关于知识分子问题的讨论,大的方面是朝野之分,国家集团与个人之分。如果连根本性的问题,譬如像"革命","斗争","主人"与"公仆","奴隶"与"奴才","乱"与"叛","流氓"与"战士","自由主义"与"好政府主义","权威主义"、"宪政主义"与"动物主义"等一些语词,到底是甚么涵义还未及弄清楚,虽然给中学生编了"公民教科书",也怕难免"误导"。至此,忽然想起鲁迅写的一首打油诗《公民科歌》,说的是周实先生老乡的事,不觉哑然失笑。实在扯远了,失敬得很,就此打住。

即请

夏安

林贤治

2001年5月20日,深夜里。

鲁迅三论

论鲁迅与狼族有关

如果说鲁迅是狼，或者说他的身上有狼性，都会教人觉得怪异的。然而，实际的情形确乎如此。他是好斗的，在一个为儒教所浸淫的几千年的“礼义之邦”里，便不能不成为异类。最早把鲁迅与狼族联系到一起的是瞿秋白。他在《〈鲁迅杂感选集〉序言》中有一个经典性的说法，就是：“鲁迅是莱谟斯，是野兽的奶汁所喂养大的”；“从他自己的道路，回到了狼的怀抱。”据罗马神话，莱谟斯和罗谟鲁斯兄弟二人，出生之后被遗弃在荒郊，吃母狼的奶长大。后来，大哥罗谟鲁斯创造了罗马城，趁着大雷雨升为天神；而莱谟斯是藐视庄严的罗马城的，他永远不能忘记自己的乳母，所以终于回到故乡的荒野。这是两条不同的道路。在这里，唯有在这里，莱谟斯“找着了群众的野兽性，找着了扫除奴才式的家畜性的铁扫帚，找着了真实的光明的建筑”。

鲁迅最大的幸运，是因为他过早地承担了不幸。在少年时候，由于祖父的下狱和父亲的病故，他沦为“乞食者”，为世人所遗弃。这段“从小康人家而坠入困顿”的人生转折于鲁迅个人来说，实在太重要了。由此，他获得了旷野，获得了野性，获得了永久的精神家园；由此，他怀疑一切，唯执著于生命中的信念和生活中的真理；由此，他开始进入搏噬般的韧的战斗。

首先是旷野意识。中国知识分子群体的形成，是相当晚近的事情，即使他们为现代的知识和观念装备起来之后，仍然拖着祖先士阶级的尾巴。在传统士人中，是只有山林意识而没有旷野意识的。山林是宁静的，隐逸的，超社会的，其最后的道路是通往宫廷的。被尊为“中国自由主义之父”的胡适，不就是一个廷臣吗？旷野意识也不同于西方的广场意识。广场是现代民主社会的产物，是人人得以表达个人意志的所在，是人们进行平等对话和自由交往的空间。在中国，从清朝的君主专政到国民党的一党专政，既没有公共空间也没有私人空间，只有一间充满呛人的血腥气味的黑暗的“铁屋子”。可以说，“旷野”是鲁迅所发现的，或者说是他所开拓的。他必须在禁锢中获得属于自己的空间。还在20世纪初，他便呼吁建立“尊个性而张精神”的“人国”，那是一片“自由之区，神之绿野，不被压制之地”。事实上如何呢？他发现，“中国人当是食人民族”，而且这种关系甚大的发现，竟知者寥寥。著名的《狂人日记》，就是对中国吃人社会的深刻描绘。其中，吃与被吃，都是在一个大家互相联络的“罗网”中进行。这样的“罗网”无边地扩展，于是，我们从《阿Q正传》的末尾看到了“连成一气”的“眼睛们”；从《示众》中看到了无数看客的蠢动的头脸，从《复仇》中看到广漠的旷野，从四面奔来的赏鉴杀戮的路人，围绕着十字架的可悲悯可咒诅的敌意；从《颓败线的颤动》中，一再看到无边的荒野，还有暴风雨中的荒海的波涛。直到临终前，鲁迅在一次大病初愈后写成《“这也是生活”……》，我们仍然可以从中读到这样的句子：“外面的进行着的夜，无穷的远方，无数的人们，都和我有关……”这是十分感人的。忘却一己的病弱之躯，依然怀想着“无穷”与“无数”，——正是狼式的广大，一种犷悍中的温柔。

鲁迅对人类社会的关怀，大体倾注于底层，也称“地底下”。这个半人半狼式人物，充满无限的同情，抚慰般描述众多的幼小者，弱势者，被压迫者和被损害者。但是，如果仅仅止于现实的复制，他与一般的现实主义者将没有什么区别。其实，现代主义作家也多是仰赖现存世界的。就说卡夫卡，当他说“一切障碍都在粉碎我”的时候，眼前的现实是不可抗的。如果说现实是可怕的，难以改变的，那么，这与“现实的是合理的”这样的结论有什么两样呢？一个胆怯的小公务员作家与一个傲慢的宫廷哲学家，竟然走到一起来了。所谓“哀其不幸，怒其不争”，“不幸”和“不争”是现实，然而鲁迅悲悯而且愤怒了。只要面对现实，他就露出了狼的本相。他不但要暴露现实，而且要改造这现实，用他的话来说，即是“战取光明”。“战”是“韧战”，一面搏击巨兽，一面自啮其身，如此构成了鲁迅的狼化过程。他瞻望未来，却不曾耽于未来。做梦是好的，梦梦则是空想主义者了。当然，空想主义者不见得比现实主义者渺小，空想毕竟多少带有否定现实的性质。但当空想主义者一旦找到实践的道路，便成了我们所惯称的理想主义者。在理想主义者的头顶，是始终有着希望之光的照耀的。然而鲁迅是绝望的，他把所有通往希望的出口都堵死了，而在黑暗中作着绝望的反抗。因此，比起别的战士来，他总是显得更为勇猛而悲壮。

小说《长明灯》描写一个疯子，眼睛“含着悲愤疑惧的神情”，始终不屈服地坚持着高叫：“我放火！”有趣的是，鲁迅是曾经以“放火者”自居的。那疯子，“一只手扳着木栅，一只手撕着木皮，其间有两只眼睛闪闪地发亮”——而这，不正是一幅狼的肖像吗？

鲁迅要喊醒铁屋子里熟睡的人们，要教会人们反抗奴隶的命运，必然为权力者所不容，首先则为权门所豢养，为正统意识形态所庇护和纵容的知识者群所不容。其实，这也是一群狼，是专门捕食弱小者的；所以，瞿秋白称鲁迅是宗法社会和绅士阶级的“逆子贰臣”。总之，他是叛逆的狼，是孤狼。包围他的知识者群在主子面前是驯良的走狗，是叭儿，但是对付知识界的异类则是异常凶险，虽然样子可以装得十分庄严、公正、平和、“费厄泼赖”。在鲁迅的反抗文本中，除了权势者的无知与专横以外，我们还看到，适合于“特别国情”的“特殊知识阶级”、“假知识阶级”，是如何袒护枪杀群众和学生的政府，如何维护太平秩序，如何制造偶像，如何散布流言，如何“吃教”，如何撒娇讨好，如何禁锢书报，如何以“实际解决”相威吓，如何讴歌“东方文明”，醉心于“骸骨的迷恋”，等等。随着五四新文化运动的结束，鲁迅目睹了知识界的升降浮沉，体验了对一代启蒙知识分子的期待的幻灭，于是，不得不坚决地反戈相向；不管论敌——躲在权力背后的各式“学者”、“文人”、“文痞”、“文探”——如何谣诼诅咒，他也一个都不宽恕。他有一篇文章的题目是：“我还不能带住”，明显地咬住不放。这是典型的狼的风格。

鲁迅告诉萧军和萧红，要保留身上的“野气”。这个老奴隶，总是向青年奴隶灌输狼性、兽性、野性，而非家畜性、奴性。在中国，再没有第二个人像他这样对奴性——奴才性和奴隶性——施行如此猛烈的攻击的了。奴性是中国统治者

与仙台医学专门学校同学合影。（1904年摄于日本仙台，左一为鲁迅）

几千年来文治武功的结果，是所谓“国民性”的致命的根本，正是它倒过来加固了封建宗法社会的根基，因此，他这个“轨道破坏者”才不惜以毁灭自己为代价去毁坏它。他曾经说过，在他的思想里面，有着两种主义——人道主义和个人主义——互相消长。这种个人性，对他来说，其实是一种狼性，也即斗争性、复仇性。在斗争中，无须遵从别的什么命令、圣旨或指挥刀，完全的“自己裁判，自己执行”。为什么不说“爱”呢？为什么不说“和平”呢？在虎狼成群的时代，爱与和平，往往成为奢侈品和麻醉品，成为卑怯的托词。他认为，对手如羊时当然可以如羊，但是，如果对手如凶兽时就必须如凶兽。让别的知识者去做他们愿意做的山羊或者胡羊去吧，他则必须做狼！

像这样一匹单身鏖战的孤狼，怎么能不受伤呢？但见他流亡，生病，果然提前死亡！青年时在异域，他长嗥道：“今索诸中国，为精神界之战士者安在？有作至诚之声，致吾人于善美刚健者乎？有作温煦之声，援吾人出于荒寒者乎？”30年后，他呻吟般地说：“敌人不足惧，最令人寒心而且灰心的，是友军中的从背后来的暗箭；受伤之后，同一营垒中的快意的笑脸。因此，倘受了伤，就得躲入深林，自己舐干，扎好，给谁也不知道。我以为这境遇，是可怕的。”在小说《孤独者》的结尾，他写了一匹幻觉中的狼，从沉重中挣扎而出的狼，分明受伤的狼，“当深夜在旷野中嗥叫，惨伤里夹杂着愤怒和悲哀……”

即使是这受伤的声音，穿过大半个世纪而达于今天，仍然如此攫人心，让人产生奋起搏斗的欲望。——大约这就是鲁迅的力量所在吧？

论鲁迅什么也不是

毛泽东在“文革”期间给江青的信中说，鲁迅与他的心是相通的。对此，恐怕很难置评，因为鲁迅本人便多次慨叹过，说是人与人的灵魂不能相通。在政治家与文艺家之间，他还有过一个著名的讲演，说是两者处在“歧途”之中，不但不能划一，反而时时“冲突”。在讲演里，政治家和文艺家的称谓都是不带前缀的，好像使用的方法并不是“阶级论”，而是“文化论”。但是，无论如何，毛泽东给予鲁迅的评价是很高的。他在《新民主主义论》中，用三个“家”——文学家、思想家、革命家——来概括鲁迅，也都不失为精确。然而，长期以来，三个“家”的内容被掏空了，按时髦的说法，全被“解构”掉了。

先说思想家。在国民党时期，“一个政党，一个领袖，一个主义”。极权之下，一个异端思想家，还有置喙的余地吗？乃至20世纪50至60年代，被称为“左”的思想路线开始肆虐，文化大革命时达于“顶峰”，几亿人民使用一个战无不胜的大脑，根本用不上别的什么思想。的确，鲁迅的名字在当时被抬到跟江青一样高——都被称为“旗手”——的位置；但是，这里与其说是利用，毋宁说是歪曲、阉割和毁灭。作为一个思想家的思想，始终

从日本回国后。（1909年摄于杭州）

未曾获得其独立的地位；一样是毛，被附在某一张皮上。知识界，更确切地说是学院派，又将如何看待这位“思想家”的呢？他们认为，他并没有建立起自己的思想体系，没有体系的思想当然谈不上什么“思想成就”，结果仍然是毛，这回竟连皮也没有，飘飘荡荡，恍兮惚兮，实在可以归于虚无的。

再说革命家。什么叫“革命”？最高指示说，革命不是请客吃饭，不是做文章，不是绘画绣花；革命是造反，是暴动，是一个阶级推翻另一个阶级的暴烈的行动。鲁迅也曾有过类似的关于革命有血，有污秽的说法，但是，他又说过这样的话：“至今为止的统治阶级的革命，不过是争夺一把旧椅子。去推的时候，好像这椅子很可恨，一夺到手，就又觉得是宝贝了，而同时也自觉了自己正和这‘旧的’一气。”关于无产阶级革命，他分明表达了“革命是并非教人死，而是教人活的”这样的思想；那类“好似革命一到，一切非革命者就都得死”的“革命者”，是他所憎恶的。结果，他遭到了一批“革命文学家”的围攻，后来还得挨“元帅”的“鞭子”和“军棍”。这样说来，他的革命性也就变得很可疑。事实上，他思想中的“人道主义”和“个人主义”，便长期被当作“资产阶级货色”，而为“革命”所拒绝。到了20世纪90年代，连革命本身也遭到我们尊贵的学者的唾弃了，堂而皇之地宣布说是要“告别”了，那么，他这个“革命家”还将剩下些什么呢？

至于“文学家”，怕也得打大大的折扣。说是“学者”吧，编辑校勘一些古籍，顶多是拾荒一类工作；而算得上“学术著作”的，只有一部《中国小说史略》。然而，据留洋回来的陈源教授说，这书还是“剽窃”日本人盐谷温的。关于创作，他不过写过薄薄的三个短篇小说集，加起来还不如一个长篇的规模；而且，其中一个亦古亦今，不伦不类，颇有违于小说的“文体规范”。

终其一生，非但没能写出长篇，后来竟连短篇也产生不出来了。只有杂感，除了杂感还是杂感。早在30年代，即有人讥之为"杂感家"——那意思，当然是指杂文写作算不得创作。在讥评家的嚷嚷中，就有施蛰存；他在《伏尔泰》一文中说，鲁迅的杂文是"有宣传作用而缺少文艺价值的东西"。几十年后，海外学者夏志清在其撰写的文学史中，对鲁迅小说的估价是明显偏低的，更不必说杂文，其中说："杂文的写作更成了他专心一意的工作，以此来代替他创作力的衰竭。"对于夏志清，我国学界发表了不少为之鼓吹，甚至近于膜拜的文字，那么这些评判，庶几可以看作对鲁迅的"定评"了。

巍巍鲁迅，于是乎变得什么也不是。

好在从弃医从文的时候起，鲁迅就并不想做什么"家"。虽然以文艺改造国民性的志愿不可谓不宏大，但毕竟不是那种"经国之大业"；唯是一项精神使命，且由个体生命独立承担。嗣后，新文化运动勃兴，他坚持提倡"思想革命"，其实无非延续从前的"精神界之战士"的旧梦。当写作成为专业以后，他依然不改"业余者"的身份，而以社会为念；文学于他并非一门技艺，而是批判的武器，说是反抗的武器也许更确切些。鲁迅是一个本质主义者。由于看重的是战斗，所以会谢绝为今日中国作家所艳羡的诺贝尔文学奖的提名，谢绝为自己作传；所以会无情地亵渎"导师"，抨击"学者"，嘲笑"作家"的头衔，而乐于在沙漠中叫啸奔走；所以会低首战士，而一再加以礼赞。在《这样的战士》中，他写道："他毫无乞灵于牛皮和废铁的甲胄；他只有自己，但拿着蛮人所用的，脱手一掷的投枪。"何谓战士？战士是战斗的一分子，是最基本的，原子般无从分解的。鲁迅主张"散兵战"，这样的战士则是没有组织，没有番号的，战阵中只有敌人和他自己。除了倾听内心的声音，他无须等候将令；除了捐付自身的骨头，热血与精神，他无须期待友军。他没有友军，只有自己，除了武器一无所有。

这样的战士实在难以命名。以传统的眼光看，鲁迅什么也不是，而他也确乎不需要自己是什么。他只知道"否"，不知道"是"。他把既定的世界视为无物，他在"无物之阵"中战斗，老衰，寿终，以至终于连战士也不是。什么也不是，这种边缘位置和非常形态，正好显示了作为战士者的战斗的彻底性、独立性与独创性。

每一个思想战士，都赋予自己以具体的战斗需求和特殊的战斗方式。18世纪法国启蒙主义者纷纷撰写哲理小说，着重的是理性的普及形式。其实，对于"思想"这种东西，最合适的语言载体应当是简约的，灵便的，易于出击的。从克尔凯郭尔到尼采，这些反体系哲学的战士，其主要的文体形式都是短篇的，断片的。其实，蒙田是，帕斯卡是，撰写"条目政论"的百科全书派也是。本雅明坦言，他所追求的最好的形式是断片式的。鲁迅的写作，所以由小说而杂文，乃是从斗争情势的需要出发而作的选择。在别的意义上，或也可以视作自由战士生命形式的一种外铄的结果的吧。总之，杂文是属于战士的。鲁迅熔铸中西，戛戛独造，把它的功能发挥到了最大的限度；写人，状物，记事，释愤抒情，固无不可；而尤长于论辩，腾挪变化，精光四射，寸铁杀人。他曾经作文为杂文辩护，但所辩护的也并非文体本身，而是战斗性，是寄寓其中的一种"杂文精神"。

今天，据说鲁迅已经变做了一块"反动"的"老石头"。鲁迅，战士而已。如果一定得以石头为喻，那么，除了妨碍权势者及其叭儿，怎么可能对求自由的人们构成威胁呢？其实鲁迅什么也不是，他所以终于做被文人看得可恶的文章，用他自己的话说，唯是不能已于言罢了。也就是说，他和他的文字的存在，说到底只是一种声音。而这声音，恰恰是反霸权话语的，是奴隶的反抗之声，自由之声。

在“无声的中国”，有谁否认得了，这是稀有的声音，唯一的声音？

论鲁迅越少越好

王蒙五年前在一篇题作《人文精神问题偶感》的文章中，有这样一段话：“我们的作家都像鲁迅一样就太好了么？完全不见得。文坛上有一个鲁迅，那是非常伟大的事，如果有50个鲁迅呢？我的天！”在知识界，算是第一次提出一个鲁迅的多少以及与此相关的利弊问题。

此论一出，舆论小哗。不过，仔细寻思起来，也不能说王蒙说得没有道理。至少，鲁迅本人就说过希望自己的作品“速朽”的话。他还说道：“我有时决不想在言论界求得胜利，因为我的言论有时是枭鸣，报告着大不吉利事，我的言中，是大家会有不幸的。”存在决定意识。文艺是植根于社会的。设若“大不吉利”的报告一多，说是地塌天倾，大家岂不乱作一团？不问而知，像这样的言论当然越少越好，最好少到没有，但闻韶箫悠扬，凤凰翔舞，海晏河清，天下太平。俟时，我们全体都可以拥有像王蒙那样的精神面貌：安详、轻松、潇洒，快乐主义——岂不妙哉！

然而毕竟有一个鲁迅，真叫“死人拖住活人”！这就给我们出了一道难题：既然死去60年以后还能被人称作“非常伟大”，而这样伟大的人物又得控制产生，那么，他的存在到底意义何在？

说到鲁迅，应当是公认的直面人生，暴露黑暗的代表性作家了。对于我们,他所以变得特别宝贵,就因为他一生以不退役的战士要求自己,严肃、紧张、顽强地进行着他的工作。他说:"好的文艺作品,向来多是不受别人命令,不顾利害,自然而然地从心中流露的东西。"但是,中国几千年只有"瞒和骗"的文艺,也如他所说:"《颂》诗早已拍马,《春秋》已经隐瞒,战国时谈士蜂起,不是危言耸听,就是以美词动听,于是夸大,装腔,撒谎,层出不穷。现在的文人虽然改着了洋服而骨髓里却还埋着老祖宗,所以必须取消或折扣,这才显出几分真实。"能够像鲁迅一样,"真诚地,深入地,大胆地看取人生并且写出他的血肉来",还能说不伟大吗?至于有人认为,社会上"大不吉利"的事一多,反映到文艺中来,鲁迅式的人物也就随之产生或竟多将起来了——其实这是想当然耳。君不见,在那黑暗而漫长的年代里,就只出了一个鲁迅!"文化大革命"闹了十年,朝野都说是民族的大悲剧,不是竟连一个鲁迅也没有吗!

自然,也不见得鲁迅少了,"大不吉利"的事就必然跟着减少。要鲁迅或鲁迅式的讽刺家不存在,便须改革社会。这样就又回到由王蒙引出的问题里来:当革命已在进行,社会已在改变,或者被我们看得光明极了,这时,鲁迅的存在还有意义吗?

有关歌颂和暴露问题,早在50年前,或者更早的时候就已经在文艺界被提了出来,所以也就有了结束"鲁迅的杂文时代"的号召。"文革"完结以后,所谓"歌德"与"缺德",还有"新基调杂文"之说,其实也都是旧日的余波。问题是鲁迅这个顽固的老头子,并不像有一种意见认为的那样,只是讽刺敌人,并不讽刺人民的;在光明所到之处,在革命营垒内部,仍然执著于批判,闪耀着天才的讽刺的锋芒。对于辛亥革命,他早就感觉到而且说出了:这是一场"换汤不换药"的革命。说到阿Q可否会做“革命党”的问题，他的回答是肯定的，并由此透露了对革命的一种较悲观的看法：“民国元年已经过去，无可追踪了，但此后倘再有改革，我相信还会有阿Q似的革命党出现。我也很愿意如人们所说，我只写出了现在以前的或一时期，但我还恐怕我所看见的并非现代的前身，而是其后，或者竟是二三十年之后。”在20年代国共合作时期，广州成了国民革命的策源地。在这里，当国民军攻克沪宁，人们为传来的胜利消息而欢欣鼓舞时，他大泼冷水，说是“庆祝和革命没有什么相干，至多不过是一种点缀。庆祝，讴歌，陶醉着革命的人们多，好自然是好的，但有时也会使革命精神转成浮滑。”“坚苦的进击者向前进行，遗下广大的已经革命的地方，使我们可以放心歌呼，也显出革命者的色彩，其实是和革命毫不相干。这样的人们一多，革命的精神反而会从浮滑，稀薄，以至于消亡，再下去是复旧。”真是深刻极了。但是，这同高尔基在十月革命过后对布尔什维克和苏维埃政府所做的批判，不是一样的“不合时宜”吗？后来，他成了“左联”的盟员，对党团书记周扬等大为不满，以至于最后公开决裂。在著名的长文《答徐懋庸并关于抗日统一战线问题》中，他指周扬们“左得可怕”，“抓到一面旗帜，就自以为出人头地，摆出奴隶总管的架子，以鸣鞭为唯一的业绩”等等，决然道：“首先应该扫荡的，倒是拉大旗作为虎皮，包着自己，去吓呼别人；小不如意，就倚势

为英文译本《阿Q正传》所摄。
（1925年7月4日摄于北京）

(！)定人罪名，而且重得可怕的横暴者。”要是时间换成了几十年后的“文革”，这些论调，还不算是“攻击无产阶级司令部”吗?不过那时，连周扬本人，同确曾以“反党”、“反革命”的罪名被他打下去的胡风、丁玲、冯雪峰等人一样，也已经被打倒了。

对于自诩为“革命文学家”者流，鲁迅的批评是：“往往特别畏惧黑暗，掩藏黑暗”，“不敢正视社会现象，变成婆婆妈妈，欢迎喜鹊，憎厌枭鸣，只捡一点吉祥之兆来陶醉自己，于是就算超出了时代。”他指出，“仅大叫未来的光明，其实是欺骗怠慢的自己和怠慢的听众的。”可见无论对于光明或黑暗，敌人或自己，鲁迅都一样持批判的态度的。就像他曾经说的那样，意在揭示病根，引起疗救的注意。批判，即如针砭和解剖，可有谁愿意接受这一份疼痛?

的确，“疼痛是无人想要的礼物”，正如一位美国医生布兰德所说。但是，凭着长达50年的从医实践，尤其是同麻木的麻风病人打交道的经验，布兰德确信疼痛对人类的健康起着关键的作用。在他所著的《疼痛》一书中，便不惜篇幅赞誉疼痛。他说：“不管怎样，人类有疼痛这一卓越特权，人类的意识在经历疼痛之后很长时间里仍能萦绕心头。但是，人类意识也能改变疼痛的真正情景。我们能够与之相处，甚至能控制它。”又说，“我认为疼痛不是侵略性的敌人，而是一种忠诚的信息，这种信息通过我自己的身体来警示我一些危险。”因此，他建议：“倾听你的疼痛。”恰恰鲁迅也用过这样一个容易为人所忽略的概念：“痛觉”。

为了消灭痛苦，先让我们疼痛吧!

让我们热爱给予我们疼痛的人，何况，鲁迅给予我们的，还不仅仅是疼痛!

1999年12月5日

也谈鲁迅研究之谜

谢泳在《中国文化报》上撰文，介绍拙著《人间鲁迅》之余，引出一个被称作“鲁迅研究之谜”的问题：“为什么鲁迅以反专制为基本追求而却总是被专制利用？”

鲁迅之被利用，首先是政治学方面的问题，而与鲁迅思想本体研究关系不大。我们要弄清楚的是，鲁迅是在何种情况下被利用的？利用了他的什么？他的思想实质与专制主义果然有相通之处吗？

其实，鲁迅生前就一直被人利用，不独身后为然。参加“左联”就是一个例子。亲近如冯雪峰，也有着把他当成“统战对象”而加以利用的一面。自然，这都是他所愿意的。对大众，对青年，对进步的社会事业，他甘于做“牛”，做“泥土”，做默默的牺牲；但当他发觉在被人恶意地利用时，则设法回避乃至于拒绝了。

鲁迅逝世时，正值抗战前夕，于是他的葬礼便成了民族团结的标志；而他的精神，也就适时地成了鼓舞民族斗志的伟大象征。应当说，这是对于鲁迅的最大范围的一次集体利用。从此，鲁迅的名字，作为政治文化的一个符码，便开始被广泛使用了。毛泽东在延安，以及以后发表的有关鲁迅的评论，都是在这一意义上进行的。对鲁迅的这种肯定，是一种名义上的肯定，抽象的肯定，整体象征性的肯定。鲁迅思想中的许多重要成分，实质性的东西，却被忽略了，甚至被轻易地给否定掉了。比如鲁迅说自己思想的两大方面，即人道主义和个人主义，在当时，明显地被划归资产阶级的思想范畴；又比如，鲁迅的批判精神和批判原则，其中包括对“东方文明”的批判、对“国民性”的批判、对权力和权力者的批判等等，在一个“革命”的故而是“光明”的环境里，也都变得不合时宜了。

毛泽东是政治家，看待一切事物唯用政治的眼光，对《红楼

群众高举“争取民族解放来遥祭死去了的鲁迅”横幅前进。

梦》如此，对鲁迅亦如此。他是从来不讳言“功利主义”的。

利用有两种情况：一是用其名，一是用其实。用其实者，也有两种情况，或者用全盘，或者用局部，取其一点而不及其余。如果说，对鲁迅尚有一点较为具体的利用的话，那么就是他的关于斗争的思想。从50年代中期开始，毛泽东特别强调阶级斗争；尤其在60年代以后，阶级斗争理论有着恶性的发展，直至“文化大革命”的降临。这时，鲁迅的注重战斗思想，恰好被纳入流行理论之中；而鲁迅本人，也就被打扮成了一个动辄“打杀”别人的姚文元式的棍子，始终高举“无产阶级文化革命”旗帜的江青式旗手。岂止如谢泳所说的“是他同时代知识分子中唯一一个得到肯定的知识分子”呢，简直是“当代英雄”！

“文革”是一个典型的造神时代、“凡是”时代。毛泽东的个人权威，通过个人崇拜运动，此时已达“顶峰”状态。一个曾经被“神”高度评价过的人，获得官方的“肯定”，岂不是“势所必至，理有固然”的事吗?

事实上，不同的社会角色，具有不同的思想意识和文化心理。作为一个平民作家、独立思想者的思想，明显地，是不可能混同于一个大权在握的政治家的思想的。鲁迅的斗争思想，首先根源于备受压抑的个人经历，根源于中国广大民众长期遭受的压迫而生的痛感和耻感。至于“拿来”的马克思主义理论，只能说加强了他对中国阶级社会的认识，并不曾改变他原来的思想基础。毛泽东晚年的阶级斗争理论，却是以权力为中心的政治理论的一部分，带有鲜明的斯大林主义色彩。的确，鲁迅是主张斗争的、复仇的、革命的。他说：“人被压迫了，为什么不斗争？”在他看来，目下的中国有许多“二重道德”，主和奴、男和女，都是有不同道德的，还没有划一，放弃斗争而一味“费厄”，则未免太偏，也太早。正是为此，他承认他的作品有“暴戾之气”；也正是为此，他被主张“宽容”的苏雪林们变着花样痛骂到如今。

其实，鲁迅的斗争，与我们惯称的所谓“斗争”的最大的不同之处在于，在他那里，永远代表着被侮辱、被损害、被压迫者的利益。所以，这斗争就不是自上而下、“为王前驱”的讨伐，也不是“同级斗争”。虽然他并不以“党同伐异”为恶，却从来没有那种为组织所规限的党派性。他的斗争是以人的解放为目的，以弱势者为本位的一种反抗性行为。这是理性的反抗，现代的反抗，并非从前的农民“造反”，更不是“文革”式的乱斗一气。说到《水浒》，他就十分反感那抡起板斧“排头砍去”的李逵式作法，斥之为“流氓”。他从来珍视人类的生命，对于那些随意以牺牲为代价，葬送群众性命的“革命者”，他是憎恶的，他明确表示：“革命是并非教人死，而教人活的。”可以认为，斗争是他的人道主义和个人主义的思想原则的最高体现。他不惮孤身一人，挑战权力者乃至整个社会，乃是为了捍卫人类生命个体的生存和发展的权利，活着的全部尊严。他深知，剥夺了斗争，就剥夺了这一切。

谢泳文中把胡适和鲁迅并列相论，问："在鲁迅的时代里，人们总认为鲁迅是拆台的，而胡适才是补台的，为什么一个以拆台为基本特点的人的思想总是被利用，而一个总想补台的人的思想却不受欢迎呢？"远在1927年国民党"清党"——鲁迅谓之"血的游戏"——之后，鲁迅就明明白白反对一个唯靠武力支持而不是经过民选的不合法的政府，野蛮的政府，"一党专政"的独裁专制的政府；而此时的胡适，倒是立志要做"政府的'诤友'"的。当时，国民党在"台"上，共产党还在"台"下，因此鲁迅反抗国民党政府，正如寄同情和支持于被迫害、被屠杀的在野的共产党，表明了一个伟大的人道主义者的立场。由于有了这样一种历史渊源，台上台下，或拆或补，全都变得可理解的了。

当说及鲁迅与胡适时，谢泳还说到一个话语问题。他说，胡适的话是明白的，没有再阐释的可能；鲁迅的话是晦涩的，故而存在被曲解的可能性。比较胡适，鲁迅是一个独异的隐喻的思想者。他的文章确乎充满激情，意象丰富，但又同时具有健全的理性和缜密的逻辑，尤其是论战的文字。在恶劣的政治环境里，他已然失去发表的自由，因而不断地变换笔名，且不得不"曲曲折折"、"吞吞吐吐"；然而，即便如此，叛逆的思想指向仍然是明白的。

谢泳问："可为什么在中国最黑暗的年代里，那些读过鲁迅书的红卫兵连最起码的人道主义都不懂？""那么多读鲁迅书的人怎么就不学好呢？"我也不妨问："可为什么在中国次黑暗的年代里，那些读过或不读过鲁迅书的知识者便连最起码的人道主义都不说？""那么多不读鲁迅书的人难道就学好了吗？"鲁迅，一人而已，用他的话来说，其实亦不过唯有一支笔，能对一个“黑染缸”般的大社会负多大程度的责任？权力者的力量，知识者的力量，意识形态的力量，教育的力量，实际运动的力量，社会的综合力量，不是要比一个人的力量大得多吗？何况这个人已经被权力者连同知识者双方从上到下从左到右弄得简直面目全非了呢！作为独立思想者的思想，要穿透公共空间——或可看作一个既成的、传统的或正统的“场”——是困难的；愈是独特，愈是深刻，则愈见困难。倘使承认鲁迅的思想是一笔宝贵的遗产，而且真正能为进步的社会力量所接受，所利用，那么，就必须同专制者的利用，以及“帮忙”和“帮闲”的知识者的拒斥作斗争——虽则我们对斗争本身并不见得有前定的需要，或先天的嗜爱！

说到被利用，鲁迅尝慨叹道：“回忆先前的经历，觉得现在的社会，大抵是可利用时则竭力利用，可打击时则竭力打击，只要于他有利。”对于身后的被利用，他也不是没有预感的。在一篇文章中，他写道：“文人的遭殃，不在生前的被攻击和被冷落，一瞑之后，言行两亡，于是无聊之徒，谬托知己，是非蜂起，既以自炫，又以卖钱，连死尸也成了他们的沽名获利之具，这倒是可悲哀的。”在这里，所说的仅属“无聊之徒”，尚未及于如他所说的“有力者”；可见世人世事的险恶，远比他——一个尝自谓“不惮以最坏的恶意来推测中国人”的中国人——预想的要厉害得多。

近百年来，环绕鲁迅所花的口舌笔墨可谓多矣，由此，亦可照见中国社会及诸般人士的面目。但我想，鲁迅既为战士，那么无论生前死后，被人攻击、歪曲、利用，都不足为怪；唯独为别的战斗者所不解，所误解，这才是最深重的悲哀！

1998年7月4日，广州

鲁迅与王朔的“有神论”

大约在20世纪70年代末，即王朔说的使老百姓变得“谁都敢说”的“思想解放运动”时期，茅盾率先提出“不要神化鲁迅”的话题。时隔20年，王朔著文《我看鲁迅》，算得是世纪末的回应。据称，今日的鲁迅不但被“神化”了，在“迷信的气氛”之外，还形成了那么一种“蛮横的力量”，“压迫着我们不能正确正视他”。这样一来，“思想解放运动”的成果，仅仅因一个可恶的鲁迅，便须大打折扣。诚如王朔所说，要“破除迷信解放思想”，确实非“耍王八蛋”不可了。

把鲁迅称为“神”始于30年代，已不是什么新鲜玩意儿。早在鲁迅生前，像高长虹就给他戴过“思想界权威”一类纸糊的假冠；所谓“神”，无非是在“权威”的基础上加以放大的另一种说法罢了。不过，重提“神化”的旧话，倒是利用了曾被称为“现代造神运动”的“文革”结束之后的特殊语境，便利于制造破除某种同鲁迅相关的精神和思想意义的口实。当年，当大队的“英雄”向鲁迅兴师问罪时，鲁迅问道：是“本罪”呢，抑或“影响罪”？推究起来，大约在他生前，所问多属“本罪”，身后便多是“影响罪”了。

王朔说：“我认为鲁迅光靠一堆杂文几个短篇是立不住的，没听说有世界文豪只写过这点东西的。”鲁迅从来不曾以“文豪”自居，他写小说，并不因小说是“‘作家’这一行的防伪标记”，相反小说在中国历来是不算文学的，正如散文在王朔的眼中一样。据鲁迅自述说，本意不过利用小说的力量来改良社会，至少可以为新文学运动的前驱者呐喊几声，破破寂寞。那结果，他自己总结是“积毁可销骨，空留纸上声”，有什么影响呢？新派的小说家却视之为拦路的“老石头”。鲁迅后来改作杂感，这类东西不特今天看来不值一哂，当时作者便因此得了“‘不满于现状’

向厦门大学辞职后与“泱泱社”青年合影。（1927年1月2日摄于厦门南普陀，左起第三人为鲁迅）

的‘杂感家’”的恶谥。但如鲁迅所说：“我的杂感是印在纸上的，不会振动空气，不愿见，不翻他开就完了”，于世人应当是毫无妨碍的。至于说这些“不是很过硬”的作品藏有什么思想吧，据说里面“漆黑一团”，“对生活、社会、人群极度绝望”，“不能说给国家民族指条明道”，当然是不配称作“思想”的。要说鲁迅尚有一点令人佩服也即“迷信”的地方，在王朔那里，顶多剩下“品格”了。他一面说，“倒在他的光芒之下那么久”，都只为“他的为人或说高贵的德行”；但一面又说，鲁迅“在太多人和事上看不开”，“写文章也常跟小人过不去”，“你愤怒的对象是多大格局，你的作品也就呈现出多大格局”。鲁迅在被“随便批评”之后，当然最好不愤怒，一愤怒，便立刻还原成为苏雪林笔下的那个反复小人了。幸而除了个别吁请大家“千万别把我当人”的人之外，如王朔所说，“半个世纪之后，我们的人民不再是鲁迅那个时代完全处于被忽略被遗忘的境地很需要被同情的那伙人了”，已经是“灵魂受到洗礼”的主人了；不然，以小人的格局，影响将要变得更为恶劣。

鲁迅，常人而已，况且一生交的是“华盖运”，“用笔来混饭吃”，仍然大触霉头，何来此等影响世风的魄力？作为“公民”，他不能自由言议。当年执政府屠杀学生，他不过说了一点实情以舒愤懑——连正式的抗议恐怕也没有，便上了黑名单，同一批智识阶级相率逃亡去。作为“作家”，他无法自由写作。早期，他还颇自负地说：“倘使我没有这笔，也就是被欺侮到赴诉无门的一个。”到得后来，浙江省党部仅仅使用“堕落文人”这样一个近乎儿戏的罪名，便可以严正呈请中央政府通缉他。虽然在信中他还很有点堂吉诃德的风度，说决心用笔对付手枪，怎奈禁锢一天天比罐头还要严密。为了发表，只好不断变换笔名，自行抽掉骨头，不惜“含糊”其辞，如此等等，仍然逃不过书报审查官老爷的尊鼻！

像这样一个生前毫无自由权利可言，顶多配写“伪自由书”的人，今天怎么竟沦为自由的死敌？他一直认为自己是奴隶，革命前是奴隶，革命后是奴隶的奴隶。如果照例使用“存在决定意识”这个老祖宗的原理，他的思想也决不会越出奴隶思想的范围，怎么可能成为“精神自由之神”，把所有精神方面的自由都掌握在他手里，弄到自称酷爱“精神自由”的王朔，不得不向他乞讨去？然而，果真如此，对于我们这个已然为王朔所赞颂的，与鲁迅当年完全不同的自由无比的社会，岂不是一种亵渎？

王朔说：“仅有唤醒意识和对压迫者的控诉那都是表面文章，真正需要勇气和胆识的不是反抗强者，而是直面那些可怜的，被侮辱被损害的人，对他们予以解剖。”鲁迅作为“神”的存在，在王朔看来，好像大不同于“红尘中”的“压迫者”或别的“强者”，因为对鲁迅的控诉和反抗，倒是“真正需要勇气和胆识的”；连写一篇小文章，王朔说也得下“捅娄子”的决心，承担“冒天下之大不韪”的风险。神力之奇伟，局面之严峻，岂止到了“妨碍我们自由呼吸的地步”而已哉，难怪一贯不做“表面文章”的王朔，也不得不做将起来，以“唤醒”我们大家的注意。呜呼，“精神自由之神”一旦引起关注，就又“淡忘”不了了。王朔断言这神的存在是“一个标尺”，参照有两个，一个是批评，一个是淡忘；但是如今既不能批评，又无法淡忘，我们的“进步”还有指望吗？

纳闷之余，如得神助，偶翻《鲁迅全集》，一下子就翻到了《“寻开心”》一文。文章开头便说，有两种人的文章要使读者吃冤枉苦的。其中一种是：“作者原不过‘寻开心’，说的时候本来不当真，说过也就忘记了。当然和先前的主张会冲突，当然在同一篇文章里自己也会冲突。但是你应该知道作者原以为作文和吃饭不同，不必认真的。你认认真真地看，只能怪自己傻。”不能说王朔把鲁迅封为“神”，而且也同他描述的鲁迅一样的“逮谁跟谁急”的心态不当真，但是文中的冲突确乎很不少，只是说得挺逗，玩笑玩笑，开心开心，如此这般也就过去了。

《“寻开心”》结末说这“寻开心”，是开开中国许多古怪现象的锁的钥匙。拿定了这把钥匙，未必便可完全打开诸如王朔的“有神论”一类的锁，此刻只管开去就是了。

2000年4月24日

就李敖评鲁迅答记者问

我看的最早的李敖的作品，是牧惠编的《千秋评论》，当时觉得还不错。但后来看到他的各种表演，包括“政治秀”，也就不想再看他的东西了。自然，他的文字中那种狂妄自大油腔滑调，也是我所不喜欢的。鲁迅在和创造社论争的时候，有过一句评语：“才子加流氓”，用在李敖的身上非常合适。

李敖在凤凰卫视上，对鲁迅所作的攻击基本上是不符合事实的，庸俗无聊，三番四复，不脱流氓习气，意在哗众取宠而已。

鲁迅不敢批评个体的中国人？

清末民初的时候，知识界流行对中国国民性的探讨，不只是鲁迅一个人在谈这个问题。只是他后来把这个问题同“思想革命”联系起来，坚持最久。对国民性格的批判，其实是对几千年专制主义政治文化传统的批判，是鲁迅的“文明批评”的重要部分。李敖说鲁迅的这种批判是针对整体不针对个人也不对，恰恰相反，瞿秋白在《〈鲁迅杂感选集〉序言》里就说鲁迅所进行的是“私人论战”。说他所针对的每个人都是典型。在中国现代文人中，几乎没有人像鲁迅这样树敌这么多：章士钊、陈西滢、梁实秋、徐志摩、顾颉刚、施蛰存、胡适、郭沫若、周扬……批评起来都是指名道姓的。周作人和陈西滢等人也有过论战，但他在出集子的时候，把这些论战文章都去掉了，而鲁迅是保留的。

鲁迅不敢批评国民党政府？

章士钊是北洋政府的司法部长兼教育部长，是鲁迅的上司，而鲁迅直接批评章士钊，批评他下令镇压学生运动，章后来撤了鲁迅的职，鲁迅没有勇气？至于对国民党政府，可以说，自《而已集》之后的杂文集，许许多多文章都是直接或间接批评国民党政府的。正因为他把国民党独裁政府当成主要的抨击对象，所以国民党才会禁他的书，后来弄到连文章也无法发表。“弄文罹文网”，这是有大量的事实根据的。稍微翻一下鲁迅后期的书信，就可以知道。但李敖对此一个字也不谈，滑过去了。

鲁迅骂过陈独秀？

这是李敖的大错误，完全胡说八道。鲁迅在那篇文章中所说的“焦大”指的是胡适等新月社的批评家，并非指陈独秀。李敖在这个细节上张冠李戴。所以，我说李敖从来没有认真读过鲁迅的书。在《我怎么做起小说来》这篇文章里，鲁迅说催促他写小说“最力者，陈独秀先生是一个”，“这里我必得记念陈独秀先生”。鲁迅并没有如李敖所说的那样攻击过陈独秀。

陈独秀是国民党眼中的政治犯。鲁迅加入中国民权保障同盟，民保盟宗旨之一就是营救政治犯。鲁迅对民保盟的工作是十分重视的，开会必到，而“左联”的会议他可以不参加。胡适也加入过民保盟，但最后被开除了，因为他在察看北京监狱后时说国民党的监狱是如何的文明，完全与民保盟的宗旨背道而驰。民保盟副会长兼总干事杨杏佛被暗杀，鲁迅从始至终都表示了他的愤怒，而且冒险参加了追悼会，致使名字被列入“勾命单”中。

胡适与鲁迅谁跟国民党“对着干”？

胡适的《人权与约法》是在什么背景下写的？1927年国民党进行清党，背叛国民革命，用武装的、血腥暴力的手段夺取政权，在此基础上建立起来的政权可以说是没有什么合法性可言的。如何看待这个政府的本质？鲁迅和胡适就在这里发生根本性的分歧。胡适谈宪政，是一种政治的运作程序问题，而政权的本质则是根本性的问题。国民党一党专政，不允许第二党存在，不允许异端分子存在，是一个现代的独裁政权，是不合法的、反人民的政权。坚持“人民主权至上”观点的鲁迅对这个政权是根本上不承认的，他赞成“革命的革命”；而胡适则是在认同这个政权的合法性的基础上，上条陈，谈改革，与在大屠杀基础上的当权者合作，当然后来也就入阁了。二者立足点是完全不同的。

1927年的鲁迅。

鲁迅在《而已集》中有很多文章对国民党的清党运动表示了强烈的愤慨，而胡适则没有。周作人曾经说胡适对国民党清党是保持“当世名哲”的态度，对杀人“视若无睹”，不置一辞。如何对待政府的大屠杀问题，是中国知识分子中的一道重要的分水岭。

作为人道主义者的鲁迅是不屑于与这样的政府谈什么宪政问题的，他曾经说过：“我是不跟政治家去说的。”而胡适谈宪政则无异于与虎谋皮，小批评，大帮忙，他想通过文人集团代替武人集团走“专家治国”的道路。就在《人权与约法》一文中，胡适不满的是“军人治党”，但对于国民党的“党治”是肯定的。

鲁迅反对议会政治?

鲁迅在留学日本期间就对议会政治问题作过探讨，他在一篇文章中类比了几个国家的政治情况，指出议会容易被政客所用而流于形式，于事无补。此后，他对这个问题再没有过什么议论，不像李敖说的那样。鲁迅是不会抽象议论议会政治的好坏的，何况这又关系到议会是如何产生的，它到底是真正民选产生代表公民权益的抑或只是政府一道遮丑的屏风？在鲁迅那里，“公民”是不存在的，他认为中国没有公民，只有奴隶。在这样的认识前提下，鲁迅不奢谈议会政治是正常的。他关注的是实质民主，而非形式民主。

鲁迅的文字不通?

鲁迅的哲学思想里，有一个概念是非常重要的：中间物。就是说，他认为自己是一个“中间物”，处于改革的途中。语言问题也是如此，他是从旧文学传统中的过来人，当文白交替之际，也带点文白夹杂一点也不奇怪。第二，语言问题是审美问题，审美是非常个性化的，审美风格无法强求一致，鲁迅和瞿秋白在翻译语言问题上就有一些分歧，这里有他个人的审美趣味方面的选择在内。

至于李敖所说的具体的其他用词情况，可以说是狮子身上找虱子。能够写出连李敖都不敢否认其价值的《阿Q正传》的人，他的文字真的会像李敖所说的这也不通那也不通吗？非常可笑。

毛泽东神化了鲁迅？

李敖屡屡提到毛泽东对鲁迅的“三个家”（文学家、思想家、革命家）的评价，却不提毛泽东在延安文艺座谈会上谈到的“鲁迅的杂文时代已经过去了”，以及给周扬的信里对鲁迅关于农民问题的批评，当然也不提毛泽东1957年在上海一个座谈会上与罗稷南的谈话，说鲁迅要是还活着的话，“要么是继续在监狱里写作，要么是识大体不做声”。毛泽东对鲁迅的评价不仅有“三个家”，也有其他方面的内容，他有更完整的“鲁迅观”。李敖这里只取片面的一点。

毛泽东是否神化了鲁迅？我以为没有，这是李敖，包括大陆的一些所谓“自由主义知识分子”制造的神话。至于“三个家”的评价，对鲁迅来说是当之无愧的。

其他细节问题

污蔑鲁迅是汉奸等等言辞，这在鲁迅生前就有了，并不是什么新鲜发明，不值一驳。鲁迅住在“且介亭”（半租界），是因为他确实处在一种不安全的威胁中。从北京到上海，他不止一次离家避难；30年代的几年，实际上过着一种半地下的生活。

在北洋教育部领工资纯然是饭碗问题。至于李敖说鲁迅拿国民党政府的钱，是指受聘于国民政府大学院为“特约著述员”

一事。大学院是一学术研究机构，并非行政机构。即使拿政府部门的钱，也是拿纳税人的钱，拿了再写骂政府的文章，又有何不可？

《鲁迅全集》的出版也是非常曲折的，连商务印书馆都不敢接受，最后是以非常民间的方式出版的。并非像李敖所说的那么轻易，甚至胡说得到国民党的帮助出版了。

要说什么李敖在北大读过书的父亲告诉李敖的有关鲁迅不尊重学生的细节，更属荒谬，且死无对证。《纪念刘和珍君》是许多人读过的，可以看出他对学生的爱护。

附记：本文为《羊城晚报》记者吴小攀先生的采访记录，2005年9月10日发表于该报“花地”版。编集时，文字略有调整。

鲁迅仍然走在我们前面

21世纪的第一个年头，正值鲁迅诞辰120周年；时间的完整性，恰好给历来喜欢做纪念的古国人民以一个隆重纪念的契机。65年前，一面绣有“民族魂”字样的旗幡，覆盖了鲁迅的躯体，从此，他被称作“民族英雄”和“文化旗手”而受到公开的颂扬；与此同时，必然地受到别一种势力的贬损与攻击。

关于纪念，鲁迅一方面抱虚无的态度，在他的遗嘱里，即清楚地写道：“不要做任何关于纪念的事情。”但是，另一方面，并不曾抹杀纪念的意义，看《坟》的后记可以知道。事实上，对于许多革命的先驱者和故去的朋友，他都留下了不少纪念的文字，从中发掘各各生存的价值，他们对于活着的人们的贡献。他特别看重的，始终是死者的精神。至于对鲁迅个人的纪念，也当本着同样的态度，才不致使之沦为无聊的即兴表演。如果不能彰显一个人的精神特质，不能在他的精神与不断展开的时代之间找到新的契合点，也就是说，如果他的精神不能转化成为民主化、现代化的资源，那么纪念将变得多余，而他的生命的意义，也将随同生命一起走向终结。

有一类历史人物，当他们的事业和声名建立起来以后，一直处于平稳的状态，作家艺术家尤其如此。还有一类，大抵是政治家和思想家，生前便受到质疑，挑战，围攻，甚至因此致死，盖棺犹未论定，与世沉浮，大起大落，始终毁誉不一。鲁迅属于这一类。这类人物处在社会的剧变时期，而且，他们作为或一阶段、阶层、集团的代表，积极介入现实斗争，致使他们的名字，最后成为不同的价值观念的象征性符号。当我们重新讲说他们的时候，其实意味着在理想的冲突中进行抉择，意味着在另一度时空里，表明与他们一致或相异的立场，意味着与他们同行或者诀别。历史是一种绵延。无论有人如何自命超脱，只要重新讲说他们,便无从回避现时代气流的冲击。

21世纪是崭新的世纪,但是毕竟沾带了旧世纪的泥污和血迹。此时,鲁迅——一个充分西方化的东方人——向我们走来。由于纪念日的提示,我们得以集中缅想他,凝视他,沉思他的生命,以及文本中的一切。

纪念鲁迅,要求我们继承他的精神遗产中的最基本的东西。在他那里,革命精神是最突出,最感人的。这种精神,在文化人中间尤其罕见,难怪时人称他为"白象"。然而,无论是当年鼓吹革命的"才子加流氓"式人物,还是今天"告别革命"的超级学者,都把革命描绘得十分可怕。鲁迅却认为,"革命并不是教人死而是教人活的"。他有"大革命"与"小革命"之说,大革命是指无法避免使用暴力的斗争,小革命指的是渐进的改革或改良,两者在本质上是一致的。他主张尽力减少不必要的牺牲,但当人民起而斗争时,他是赞成的,拥护的,决不会因为产生"污秽和血",转而维护旧秩序。他指出,革命不会"止于至善",改革是天天进行的。他是天生的改革派,整个一生,都在致力于社会的改进。他一再指出,中国人目下的当务之急,是:"一要生存,二要温饱,三要发展。有敢来阻碍这三事者,无论是谁,我们都要反抗他,扑灭他!"生存是第一位的,但是

鲁迅在景云里寓所中。(1933年摄)

他又特别指出，所谓“生存”并不是苟活。他痛恨苟活，强调没有发展的生存不是我们所需要的生存，所以说：“我以为人类为向上，即发展起见，应该活动，活动而有若干失错，也不要紧。唯独半生半死的苟活，是全盘失错的。因为他挂了生活的招牌，其实却引入到死路上去！”

社会改革是通盘的改革，以人民为主体的改革。鲁迅十分关注作为历史主体的人民的命运，说要看“地底下”，就是看底层阶级。他是“民魂”的发扬者，但是，又反对一意地讨好大众，做“大众的新帮闲”，相反认为改革的主体同样需要改革。他在有名的《习惯和改革》中指出：“体质和精神都已硬化了的人民，对于极小的一点改革，也无不加以阻挠，表面上好像恐怕于自己不便，其实是恐怕于自己不利，但所设的口实，却往往见得极其公正而且堂皇。”针对报章上“反改革”的论调，他痛感国民的保守，说“大约国民如此是决不会有好的政府的；好的政府，或者反而容易倒。”所以，他一直致力于“思想革命”，即“国民性”的改造。应当说，这是极富于战略眼光的。

“放”还是“收”？这是一个带根本性的问题。鲁迅是主张全面开放的，他说：“‘收起来’却是管牢监的禁卒哥哥的专门。”又说，“社会不改良，‘收起来’便无用。”所谓改革，并非关起门来改革，换汤不换药的改革，鲁迅就曾经说历史上王安石变法是半开玩笑式的改革。改革既是现时代的改革，就必然具有不同于过去的标准，这个标准就是“现代性”。什么叫现代性？简单一点说，现代性就是世界性。现代性需要我们“运用脑髓，放出眼光，自己来拿”——这就是鲁迅的有名的“拿来主义”。他说：“总之，我们要拿来。我们要或使用，或存放，或毁灭。那么，主人是新主人，宅子也就会成为新宅子。然而首先要这人沉着，勇猛，有辨识，不自私。”接着，他特别强调说：“没有拿来的，人不能自成为新人。”这里的“自”，即自家的传统，意思是说，中国的传统文化本身开不出“现代化”的方子。关于五四，他就明确说是“外铄”的产物。要建立新观念，新标准，决不是一件轻而易举的事情。如果改革已经成为国民的需要，那么，对于改革的人们，首先要求具有一种清醒的现实主义态度，严格的批判和自我批判的态度。鲁迅指出，一定要有“正视黑暗面的勇猛和毅力”，何者为世界潮流？何者为中国特色？“倘看不清，就无从改革”。然而事实是：“外国人的知道我们，常比我们自己知道得更清楚。”而且，在改革途中，我们往往“并非将自己变得合乎新事物，乃是将新事物变得合于自己”。为此，鲁迅不得不大声疾呼：“人必须从此有记性，观四面而听八方，将先前一切自欺欺人的希望之谈全都扫除，将无论是谁的自欺欺人的假面全都撕掉，将无论是谁的自欺欺人的手段全都排斥，总而言之，就是将华夏传统的所有小巧的玩艺儿全都放掉，倒去屈尊学学枪击我们的洋鬼子，这才可望有新的希望的萌芽。”

说到现代性，鲁迅特别看重人的权利问题，也即个人在现时代的地位问题。如何实现人的独立，自由和尊严，不能不成为改革的核心。换言之，所谓改革，说到底是人类自身的改革。早在青年时期，鲁迅便开始构筑他的“人国”乌托邦。如果说在五四时期，他对于主权与人权，民主与自由，社会与个体的关系的阐述还停留在人类文化学阶段，那么在介入女师大斗争之后，尤其在国民党实行“一党专政”、“以党治国”之后，则明显转移到了政治学范畴，强调对基本人权的维护。其中，他认为言论出版自由是头等重要的。1927年初，鲁迅到香港做了两个讲演，一个是《老调子已经唱完》，一个是《无声的中国》。他指出，中国历史上“不能说话的毛病”一直延续下来,“所有的声音,都是过去的,都就是等于零的”;于是呼吁说,我们要发出“我们现代的声音”,“将中国变成一个有声的中国”。经历了国民党的白色恐怖,亲受了书报审查制度的暴虐之苦,在答《中学生》杂志社问时,他特别郑重声明:“第一步要努力争取言论的自由。”

鲁迅多次自称为“奴隶”,他深知,奴隶与人的区别,不仅仅在于失去人所应拥有的一切权利,重要的是长期被奴役和被损害所形成的奴隶根性,已然妨碍了为自身和社会的解放而作的斗争。因此,他的言说,还有实践活动,如加入“左联”、中国自由大同盟、中国民权保障同盟等,也都不仅仅在于运用现有的法律所许诺的权利,而是对未来的权利,其实是对人所固有的权利的自觉的争取。他知道中国多鬼魅,往往“改革一两,反动十斤”,所以主张韧的斗争。

跟世界上那些追求永恒的伟人不同,鲁迅唯愿自己的文字“速朽”,他说那是枭鸣,向社会报告的是大不吉利的事。这些文字产生之日,距今已逾大半个世纪的时间,其中许多人物事件皆成陈述,但是有些现象不幸存留了下来。大约也正是为此,到了新世纪,改革也还在进行着。这时,纪念鲁迅,重温鲁迅,当我们感知他的思想的洞透力,就不难理解为何连并不怎么“左倾”的郁达夫竟也那么推崇他,说:“如问中国自有新文学运动以来,谁最伟大?谁最能代表这个时代?我将毫不踌躇地回答:是鲁迅。”又说:“当我们见到局部时,他见到的却是全面。当我们热衷去掌握现实时,他已把握了古今与未来。要了解中国全面的民族精神,除了读《鲁迅全集》以外,别无捷径。”

作为一个先知式的人物,一个行者,鲁迅一直走在我们前面——过去如此,今天仍然如此。

图书在版编目(CIP)数据

一个人的爱与死/林贤治著. —上海:复旦大学出版社, 2011.3
(一个人的鲁迅系列)
ISBN 978-7-309-07733-9

Ⅰ. 一… Ⅱ. 林… Ⅲ. 鲁迅(1881~1936)-生平事迹 Ⅳ. K825.6

中国版本图书馆 CIP 数据核字(2010)第 231513 号

一个人的爱与死
林贤治 著
出品人/贺圣遂 责任编辑/李又顺

复旦大学出版社有限公司出版发行
上海市国权路 579 号 邮编:200433
网址:fupnet@fudanpress.com http://www.fudanpress.com
门市零售:86-21-65642857 团体订购:86-21-65118853
外埠邮购:86-21-65109143
上海浦东北联印刷厂

开本 890×1240 1/32 印张 7.5 字数 154 千
2011 年 3 月第 1 版第 1 次印刷
印数 1—5 010

ISBN 978-7-309-07733-9/K·310
定价: 24.00 元